AF338745

EN VENTE A LA MÊME LIBRAIRIE.

BIBLIOTHÈQUE DES CAMPAGNES,

Publiée sous le patronage de Son Exc. le Ministre de l'Instruction publique.

PREMIÈRE SÉRIE.

Les Victoires de l'Empire, campagnes d'Italie, — d'Égypte, — d'Autriche, — de Prusse, — de Russie, — de France, — Crimée, etc., par M. E. LOUDUN. — 1 beau volume in-18, recommandé pour les lectures courantes dans les écoles primaires. Prix, broché ou cartonné. . . . . 1 fr. 50 c.

Dictionnaire usuel d'Histoire et de Géographie, publié par M. Ch. LOUANDRE, rédacteur en chef du *Journal des Instituteurs.* — 1 fort volume in-18 de 500 pages sur deux colonnes, papier glacé et satiné. Prix, *franco,* broché ou cartonné. . . . . 4 fr.

Souvenirs du premier Empire, publiés par M. KERMOYSAN. — 1 volume in-18. Prix, *franco,* broché ou cartonné. 1 fr. 50 c.

Entretiens sur l'hygiène, à l'usage des campagnes, par M. le Docteur DESCIEUX. — 1 beau volume in-18. Prix, *franco,* broché ou cartonné. . . . . 1 fr. 25 c.

Les Pères de l'Église, Choix de lectures morales, précédé d'une introduction et accompagné de notes, par M. E. LOUDUN. Prix, *franco,* broché ou cartonné. . . . . 1 fr. 50 c.

Il sera publié incessamment dans la même collection, sous le titre de la SCIENCE DES CAMPAGNES, une série d'ouvrages pratiques sur l'Agriculture et les Sciences usuelles.

JOURNAL DES INSTITUTEURS.

POLITIQUE. — PÉDAGOGIE. — SCIENCES USUELLES.

Un numéro de 16 pages par semaine.

5 FRANCS PAR AN.

Le *Journal des Instituteurs* forme un cours d'instruction populaire où le développement des meilleures méthodes trouve sa place à côté de l'enseignement des connaissances usuelles, des lectures attrayantes et du résumé exact des faits politiques.

Prix de l'abonnement à l'année courante... 5 fr.
— des années antérieures (1858-1860)... 9 fr.

Paris, imprimerie de Paul Dupont, rue de Grenelle-Saint-Honoré, 45.

NOUVEAU TRAITÉ

DU SUBJONCTIF

ET

DE LA CONCORDANCE

SUR UN PLAN ENTIÈREMENT NEUF

Par BESCHERELLE

PARIS

LIBRAIRIE CLASSIQUE DE PAUL DUPONT

45, rue de Grenelle-Saint-Honoré, 45.

—

1861

SIMPLE AVERTISSEMENT.

———

Subjonctif et Concordance! Sous ce titre nous publions un petit ouvrage gros de difficultés, car, de l'aveu de tous les étrangers qui étudient notre langue, le subjonctif et surtout la concordance sont ce qu'il y a de plus difficile à connaître et à pratiquer.

Les principes que renferme notre petit Manuel n'ont rien de nouveau; ils sont depuis longtemps connus de tout le Corps enseignant, et se trouvent d'ailleurs dans toutes les grammaires et tous les traités spéciaux. Ce qui distingue ce petit ouvrage, ce qui le rendra curieux et intéressant, c'est le plan que nous avons adopté, la nouvelle méthode que nous avons suivie. Ceux qui voudront en faire usage et l'étudier d'un bout à l'autre, parviendront, nous l'espérons du moins, à des résultats aussi prompts qu'efficaces.

Notre ouvrage commence par les principes généraux. De bon compte, croit-on qu'avec de pareils principes, répétés dans toutes les grammaires, on puisse apprendre le Subjonctif et la Concordance? Nous sommes loin de le penser. Aussi avons-nous fait plus que tous nos devanciers. Nous avons embrassé tous les cas du subjonctif et nous avons ensuite procédé méthodiquement, en adoptant ces trois divisions : RÈGLE, MODÈLE, EXERCICE. Nos modèles sont au nombre de dix-huit. Nous les avons faits de manière que tout enfant, tout étranger pourra construire toutes les phrases des exercices avec intelligence sans manquer surtout à l'orthographe; ces modèles étant donnés aux temps simples, aux temps composés et à toutes les personnes.

Cette méthode nous appartient en propre, et une expérience de vingt années dans l'enseignement nous fait un devoir de dire que plus on fera de concordances, plus tôt on arrivera à parler et à écrire correctement, et même élégamment.

Dans beaucoup de nos départements, on emploie le conditionnel pour le subjonctif. Vous entendez dire, même à Paris, *il faudrait qu'il irait, il aurait fallu qu'il serait allé.* Pardonnons ces constructions à des Anglais, à des Allemands, puisqu'elles sont dans le génie de leur langue; mais en France, parlons français.

Répondons d'avance à un reproche qu'on ne manquera peut-être pas de nous faire, et qui ne serait pas fondé.

On se plaindra de la monotonie de nos modèles, qu'on voudrait sans doute plus variés. Nous prions de remarquer qu'il entrait dans notre plan de ne traiter, dans chaque modèle, que la même idée et de la développer à tous les temps et à toutes les personnes. De cette manière chaque modèle forme un tout complet. La variété, si désirable en toute chose, ne serait pas bonne ici : il y aurait solution de continuité, il y aurait confusion, et l'harmonie entre nos modèles et nos exercices serait entièrement détruite. Au surplus, nos modèles comportent soixante-six formes différentes. N'est-ce pas assez de variété comme cela?

Le subjonctif et la concordance donnent lieu à une infinité de locutions vicieuses. C'est dans la pratique de notre Manuel qu'on prendra l'habitude de s'en corriger. Puisse-t-il faire parvenir aisément et promptement à ce but, ce sera là notre plus douce récompense!

NOUVEAU TRAITÉ
DU SUBJONCTIF

ET

DE LA CONCORDANCE

PRINCIPES GÉNÉRAUX.

Le subjonctif est le mode du doute, de l'indécision ; il sert à exprimer ce qui est vague, incertain. Comme la nécessité, la volonté, le désir, la crainte et le doute, ne peuvent porter que sur des choses non positives, et qui, pour la plupart, sont fictives ou incertaines, il en résulte qu'après les verbes qui expriment :

1° La NÉCESSITÉ ;
2° La VOLONTÉ ;
3° Le DÉSIR ;
4° La CRAINTE ;
5° Le DOUTE,

le verbe de la proposition subordonnée se met au subjonctif.

L'emploi du *subjonctif* est une des plus grandes difficultés de la langue française. Voici des règles qui peuvent servir de guide :

1° Il faut mettre au *subjonctif* le verbe d'une proposition subordonnée, quand le verbe de la proposition principale exprime SURPRISE, ADMIRATION, VOLONTÉ, SOUHAIT, CONSENTEMENT, DÉFENSE, DOUTE, CRAINTE, DÉNÉGATION, COMMANDEMENT : Je suis *étonné*, je suis *surpris* qu'il en *ait* agi ainsi. Je ne *veux* pas qu'il le *fasse*. Je *doute* qu'il le *fasse*.

Je cherche quelqu'un à qui je *puisse* me confier. Je *craignais* qu'ils ne *vinssent*. J'ai *peur* que cela ne vous *fasse* de la peine. Il me *tarde* bien que je *sois* hors d'affaire. Je suis *charmé* que cela se *soit* passé ainsi. Je *veux* que vous m'*obéissiez*.

2° Les propositions interrogatives exigent le subjonctif, s'il s'agit d'une chose vague, douteuse, incertaine, ou que l'on regarde comme telle. *Croyez-vous qu'il* veuille *y consentir? Pensez-vous que ce* soit *lui?* Elles exigent l'indicatif, quand il s'agit d'une vérité incontestable ou regardée comme telle par celui qui interroge. Ainsi on dira : *croyez-vous que deux et deux* sont *quatre?* Une personne qui voudra s'énoncer positivement dira : *Croyez-vous que c'est Flavio Gioja qui a inventé la boussole?* ou *ne croyez-vous pas que c'est Flavio Gioja qui a inventé la boussole ?* S'il en doutait, il dirait : *Croyez-vous que ce soit Flavio Gioja qui ait inventé la boussole ?*

3° Les expressions conjonctives suivantes sont ordinairement suivies du subjonctif. *Afin que, afin que vous le* sachiez. *A moins que, à moins qu'il ne* veuille *pas. Avant que, avant que je* fusse venu. *En cas que, en cas qu'il* fît *difficulté. Bien que, bien que cela* dépendît *de lui. Encore que, encore qu'il* soit *fort jeune. Quoique, quoiqu'il y* ait *consenti. De peur que, de peur qu'il ne s'en* aille. *De crainte que, de crainte qu'il ne se* dédise. *Jusqu'à ce que, jusqu'à ce que tout* soit *fini. Posé que, posé que cela* fût. *Pourvu que, pourvu qu'il* fasse *ce qu'on lui a dit,* etc.

4° Les temps du subjonctif sont aussi employés dans certaines phrases elliptiques, comme, *puissiez-vous réussir,* c'est-à-dire, *je désire que vous réussissiez. Fasse le ciel que nous* ayons *bientôt la paix,* c'est-à-dire, *je désire que le ciel fasse en sorte,* etc. *Qu'il fasse, qu'il s'amuse,* etc., que les grammairiens appellent des troisièmes personnes du présent de l'impératif, sont réellement des phrases elliptiques avec la forme du subjonctif. *Qu'il fasse,* c'est-à-dire, *il faut qu'il fasse, qu'il s'amuse,* c'est-à-dire, j'ordonne, je consens qu'il s'amuse. *Qu'il médite beaucoup avant que d'écrire*, c'est-à-dire, il est nécessaire, il est convenable, je lui conseille, etc., qu'il médite beaucoup avant que d'écrire. *Qu'elles aient tout préparé quand nous arriverons*, c'est-à-dire, par exemple, je désire, ou je veux *qu'elles aient* tout préparé quand nous arriverons.

Voici quelle est la correspondance des temps du subjonctif avec ceux de l'indicatif, c'est-à-dire quels temps du subjonctif régissent les divers temps de l'indicatif.

INDICATIF.	SUBJONCTIF.	INDICATIF.	SUBJONCTIF.
Je veux Je voudrai Quand j'aurai voulu	que tu viennes.	Je veux J'ai voulu Je voudrai Quand j'aurai voulu	que tu aies écrit.
Je voulais Je voulus, j'ai voulu J'avais voulu Je voudrais J'aurais voulu	que tu vinsses.	Je voulais Je voulus, j'ai voulu Quand j'eus voulu	que tu eusses écrit.
		J'avais voulu Je voudrais J'aurais voulu	que tu fusses venu.

On voit par là que les temps du subjonctif correspondent à plusieurs temps de l'indicatif, et qu'ils peuvent exprimer tantôt un présent, tantôt un passé, tantôt un futur, selon les circonstances et les différentes vues de l'esprit.

CONCORDANCE A TOUS LES TEMPS ET A TOUTES LES PERSONNES.

Modèle.

Ind. pr. Je veux..............

Temps simple.
que tu viennes.
qu'il vienne.
que vous veniez.
qu'ils viennent.

Temps composé.
que tu sois venu.
qu'il soit venu.
que vous soyez venus.
qu'ils soient venus.

Passé indéf. J'ai voulu .....

Temps simple.
que tu viennes.
qu'il vienne.
que vous veniez.
qu'ils viennent.

Temps composé.
que tu sois venu.
qu'il soit venu.
que vous soyez venus.
qu'ils soient venus.

Temps simple.
que tu vinsses.
qu'il vînt.
que vous vinssiez.
qu'ils vinssent.

Temps composé.
que tu fusses venu.
qu'il fût venu.
que vous fussiez venus.
qu'ils fussent venus.

Imparf. Je voulais ....

Temps simple.
que tu vinsses.
qu'il vînt.
que vous vinssiez.
qu'ils vinssent.

Temps composé.
que tu fusses venu.
qu'il fût venu.
que vous fussiez venus.
qu'ils fussent venus.

Pl.-q.-parf. J'avais voulu....

Temps simple.
que tu vinsses.
qu'il vînt.
que vous vinssiez.
qu'ils vinssent.

Temps composé.
que tu fusses venu.
qu'il fût venu.
que vous fussiez venus.
qu'ils fussent venus.

Passé déf. Je voulus........ {

Temps simple.

que tu vinsses.
qu'il vînt.
que vous vinssiez.
qu'ils vinssent.

Temps composé.

que tu fusses venu.
qu'il fût venu.
que vous fussiez venus.
qu'ils fussent venus.

On dit aussi : J'eusse voulu. {

Temps simple.

que tu vinsses.
qu'il vînt.
que vous vinssiez.
qu'ils vinssent.

Temps composé.

que tu fusses venu.
qu'il fût venu.
que vous fussiez venus.
qu'ils fussent venus.

Futur pr. Je voudrai .... {

Temps simple.

que tu viennes.
qu'il vienne.
que vous veniez.
qu'ils viennent.

Temps composé.

que tu sois venu.
qu'il soit venu.
que vous soyez venus.
qu'ils soient venus.

Futur passé. J'aurai voulu... {

Temps simple.

que tu viennes.
qu'il vienne.
que vous veniez.
qu'ils viennent.

Temps composé.

que tu sois venu.
qu'il soit venu.
que vous soyez venus.
qu'ils soient venus.

Cond. pr. Je voudrais.......

Temps simple.
que tu vinsses.
qu'il vînt.
que vous vinssiez.
qu'ils vinssent.

Temps composé.
que tu fusses venu.
qu'il fût venu.
que vous fussiez venus.
qu'ils fussent venus.

Cond. passé. J'aurais voulu..

Temps simple.
que tu vinsses.
qu'il vînt.
que vous vinssiez.
qu'ils vinssent.

Temps composé.
que tu fusses venu.
qu'il fût venu.
que vous fussiez venus.
qu'ils fussent venus.

On dit aussi : J'eusse voulu.

Temps simple.
que tu vinsses.
qu'il vînt.
que vous vinssiez.
qu'ils vinssent.

Temps composé.
que tu fusses venu.
qu'il fût venu.
que vous fussiez venus.
qu'ils fussent venus.

Remarques. — On voit, par ce modèle, qui présente la véritable concordance, que, si le premier verbe est au présent de l'indicatif, le second verbe se met au présent ou au passé du subjonctif : *que tu viennes, que tu sois venu.*

Après le passé indéfini, le verbe subordonné peut se mettre, selon les cas, soit au présent, soit au passé, soit à l'imparfait, soit au plus-que-parfait du subjonctif : *Que je vienne, que je sois venu, que je vinsse, que je fusse venu.*

Si le premier verbe est à l'imparfait ou au plus-que-parfait de l'indicatif, on doit toujours mettre le second à l'imparfait ou au plus-que-parfait du subjonctif : *Que je vinsse, que je fusse venu.*

Quand le premier verbe se trouve au passé défini ou employé avec la forme *on dit aussi*, le verbe subordonné doit être à l'imparfait ou au plus-que-parfait du subjonctif : *Que je vinsse, que je fusse venu.*

Le futur présent comme le futur passé amènent après eux le présent ou le passé du subjonctif : *Que je vienne, que je sois venu.*

Enfin le conditionnel présent, le conditionnel passé et la variante *on dit aussi* se trouvent en concordance avec l'imparfait et le plus-que-parfait du subjonctif : *Que je vinsse, que je fusse venu.*

Ce qu'il importe surtout d'observer, c'est que, dans toute conjugaison de verbe, les formes simples indiquent des présents ou des actes à faire, les formes composées, des passés ou des actes accomplis. Comme il ne peut y avoir de présent sans passé, d'actions faites sans des actions à faire, de formes simples sans des formes composées, il en résulte que, dans la concordance, les temps simples doivent se lier à des temps simples, et les temps composés à des temps composés.

Observez encore que le *passé défini* est la forme composée du *présent de l'indicatif;* le *plus-que-parfait*, la forme composée de l'*imparfait;* la forme *on dit aussi*, substituée au *passé antérieur*, la forme composée du *passé défini;* le *futur passé*, la forme composée du *futur présent;* le *conditionnel passé*, qui a pour variante *on dit aussi*, la forme composée du *conditionnel présent.*

Le conditionnel passé est une forme vulgaire. La forme *on dit aussi* est plus élégante. Elle doit remplacer, dans la concordance, le passé antérieur qui est la forme composée du passé défini, parce que le passé antérieur ne peut être employé que lorsqu'il y a dans la phrase deux actions passées dont l'une précède l'autre. La forme *on dit aussi* lui est substituée, comme dans notre modèle, quand les actes ont lieu dans le même temps.

Exercice.

(Écrire, d'après ce modèle, sur une seule ligne, à tous les temps et à toutes les personnes, les phrases suivantes.)

Il faut que je me lève demain matin, et que j'aille faire une course. Il faut que je sois bien simple pour me laisser attraper si grossièrement. Il faut que je ménage ma santé: ne suis-je pas mortel comme les autres? Tandis que je m'habille, il faut qu'il m'écrive cette lettre. Comme mes habits sont usés, il faut que je m'en fasse faire d'autres. Avec l'un, il faut que je sois optimiste; avec l'autre, il faut que je sois pessimiste. Il ne faut pas que je m'avise de le contrarier en quoi que ce soit. Avec les uns, il faut que je m'élève dans les nues; avec les autres, il faut que je me traîne terre à terre. Il faut que j'attende ici la sortie d'un jeune homme avec qui j'ai à m'expliquer. Il faut bien que je m'accommode aux préjugés de mon siècle. J'ai trop chaud, et il faut que je m'évente avec mon mouchoir. Puisque mon père veut absolument me marier, il faut bien que je lui obéisse. Puisque ces pauvres me demandent l'aumône, il faut bien que je la leur fasse. Il faut que je mette à mes affaires plus d'ordre que je n'y en ai mis jusqu'à présent. Il faut bien que je sache m'accommoder de tout. Il faut que je prenne patience et que je ne jette pas le manche après la cognée. Il me faut un Dieu, et il vaut mieux que je le prenne dans le ciel que sur la terre. Il faut que je fuie la société de ceux dont je n'ai rien à prendre que des travers.

VERBES DE NÉCESSITÉ.

Règle.

Les verbes qui expriment la nécessité veulent toujours, comme nous l'avons dit précédemment, le verbe correspondant au subjonctif.

Modèle.

Temps simple.

Ind. pr. Tandis que je m'habille, il faut qu'il m'écrive
Tandis que tu t'habilles, il faut qu'il t'écrive
Tandis qu'il s'habille, il faut qu'il lui écrive
Tandis que nous nous habillons, il faut qu'il nous
écrive
Tandis que vous vous habillez, il faut qu'il vous
écrive
Tandis qu'ils s'habillent, il faut qu'il leur écrive } cette lettre.

Temps composé.

Passé indéf. Tandis que je me suis habillé, il a fallu qu'il
m'ait écrit
Tandis que tu t'es habillé, il a fallu qu'il t'ait écrit
Tandis qu'il s'est habillé, il a fallu qu'il lui ait écrit
Tandis que nous nous sommes habillés, il a fallu
qu'il nous ait écrit
Tandis que vous vous êtes habillés, il a fallu qu'il
vous ait écrit
Tandis qu'ils se sont habillés, il a fallu qu'il leur
ait écrit } cette lettre.

Temps simple.

Imparf. Tandis que je m'habillais, il fallait qu'il m'écrivît
Tandis que tu t'habillais, il fallait qu'il t'écrivît
Tandis qu'il s'habillait, il fallait qu'il lui écrivît
Tandis que nous nous habillions, il fallait qu'il
nous écrivît
Tandis que vous vous habilliez, il fallait qu'il vous
écrivît
Tandis qu'ils s'habillaient, il fallait qu'il leur
écrivît } cette lettre.

Temps composé.

Pl.-q.-parf. Tandis que je m'étais habillé, il avait fallu qu'il
m'eût écrit
Tandis que tu t'étais habillé, il avait fallu qu'il
t'eût écrit
Tandis qu'il s'était habillé, il avait fallu qu'il lui
eût écrit
Tandis que nous nous étions habillés, il avait
fallu qu'il nous eût écrit
Tandis que vous vous étiez habillés, il avait fallu
qu'il vous eût écrit
Tandis qu'ils s'étaient habillés, il avait fallu qu'il
leur eût écrit } cette lettre.

Temps simple.

Passé déf.

Tandis que je m'habillai, il fallut qu'il m'écrivît
Tandis que tu t'habillas, il fallut qu'il t'écrivît
Tandis qu'il s'habilla, il fallut qu'il lui écrivît
Tandis que nous nous habillâmes, il fallut qu'il nous écrivît
Tandis que vous vous habillâtes, il fallut qu'il vous écrivît
Tandis qu'ils s'habillèrent, il fallut qu'il leur écrivît } cette lettre.

Temps composé.

On dit aussi :

Tandis que je me fusse habillé, il eût fallu qu'il m'eût écrit
Tandis que tu te fusses habillé, il eût fallu qu'il t'eût écrit
Tandis qu'il se fût habillé, il eût fallu qu'il lui eût écrit
Tandis que nous nous fussions habillés, il eût fallu qu'il nous eût écrit
Tandis que vous vous fussiez habillés, il eût fallu qu'il vous eût écrit
Tandis qu'ils se fussent habillés, il eût fallu qu'il leur eût écrit } cette lettre.

Temps simple.

Futur pr.

Tandis que je m'habillerai, il faudra qu'il m'écrive
Tandis que tu t'habilleras, il faudra qu'il t'écrive
Tandis qu'il s'habillera, il faudra qu'il lui écrive
Tandis que nous nous habillerons, il faudra qu'il nous écrive
Tandis que vous vous habillerez, il faudra qu'il vous écrive
Tandis qu'ils s'habilleront, il faudra qu'il leur écrive } cette lettre.

Temps composé.

Futur passé.

Tandis que je me serai habillé, il aura fallu qu'il m'ait écrit
Tandis que tu te seras habillé, il aura fallu qu'il t'ait écrit
Tandis qu'il se sera habillé, il aura fallu qu'il lui ait écrit
Tandis que nous nous serons habillés, il aura fallu qu'il nous ait écrit
Tandis que vous vous serez habillés, il aura fallu qu'il vous ait écrit
Tandis qu'ils se seront habillés, il aura fallu qu'il leur ait écrit } cette lettre.

Temps simple.

Cond. pr.   Tandis que je m'habillerais, il faudrait qu'il
                         m'écrivît
Tandis que tu t'habillerais, il faudrait qu'il t'écrivît
Tandis qu'il s'habillerait, il faudrait qu'il lui écrivît
Tandis que nous nous habillerions, il faudrait
                         qu'il nous écrivît
Tandis que vous vous habilleriez, il faudrait qu'il
                         vous écrivît
Tandis qu'ils s'habilleraient, il faudrait qu'il leur
                         écrivît

cette lettre.

Temps composé.

Cond. passé. Tandis que je me serais habillé, il aurait fallu
                         qu'il m'eût écrit
Tandis que tu te serais habillé, il aurait fallu
                         qu'il t'eût écrit
Tandis qu'il se serait habillé, il aurait fallu
                         qu'il lui eût écrit
Tandis que nous nous serions habillés, il aurait
                         fallu qu'il nous eût écrit
Tandis que vous vous seriez habillés, il aurait
                         fallu qu'il vous eût écrit
Tandis qu'ils se seraient habillés, il aurait fallu
                         qu'il leur eût écrit

cette lettre.

Temps composé.

On dit aussi : Tandis que je me fusse habillé, il eût fallu qu'il
                         m'eût écrit
Tandis que tu te fusses habillé, il eût fallu qu'il
                         t'eût écrit
Tandis qu'il se fût habillé, il eût fallu qu'il lui
                         eût écrit
Tandis que nous nous fussions habillés, il eût
                         fallu qu'il nous eût écrit
Tandis que vous vous fussiez habillés, il eût fallu
                         qu'il vous eût écrit
Tandis qu'ils se fussent habillés, il eût fallu qu'il
                         leur eût écrit

cette lettre.

Remarque. — Toutes les fois que le verbe est pronominal, il doit se construire avec l'auxiliaire *être* dans les temps composés.

Exercice.

(Ecrire, d'après le modèle, sur une seule ligne, à tous les temps et à toutes les personnes, les phrases ci-après.)

Il ne faut pas que je me fie toujours aux on dit. Il vaut mieux que je sache peu de choses, pourvu que je les sache à fond et pour toujours. Il faut que je fouille dans ma poche pour voir si je n'ai pas perdu ma bourse. Il faut que j'aime mes ennemis, que je bénisse ceux qui me maudissent, que je fasse du bien à ceux qui me calomnient et que je prie pour eux. Il ne faut pas que je juge du bon ou du mauvais naturel d'une personne par les traits de son visage. Il faut que je lise constamment les bons écrivains pour me perfectionner le goût. Il ne faut pas que je fréquente les impies, il faut même que je les évite comme des pestes publiques. Il ne faut pas que je loue ceux qui ne méritent pas d'être loués. Pour que j'en veuille à quelqu'un, il faut qu'il me fasse une grande injure. Si je veux peindre les beautés d'un pays, je les peindrai telles qu'elles sont. Dans le doute, il faut que je m'abstienne. Il faut que je vive comme je peux, si je ne puis vivre comme je veux. Pour être heureux, il faut que je sois occupé. Si je veux apprendre à prier, il faut que je voyage par mer. Il ne faut pas que je grossisse les torts que j'ai reçus, ni que j'apetisse ceux que j'ai faits. Il faut que je m'affermisse sur l'ancre d'une bonne religion ; elle me sera nécessaire dans le cours de ma vie. Il ne faut pas que je désire ce que je ne peux acquérir. Il vaut mieux que je ne sache pas que de savoir mal ce que je sais. Plus mes devoirs sont étendus, plus il faut que je fasse d'efforts pour les remplir. Il faut que je regarde mon bien comme mon esclave, mais il ne faut pas que je perde mon esclave. Dès que je me sens en colère, il ne faut pas que je parle ni que j'agisse. Il vaut mieux que je prévienne le mal que d'être réduit à le réparer. Quand je suis près de faire une sottise, il faut que je me dise : tout le monde me regarde. Si je ne sais pas divertir, il faut du moins que je n'ennuie pas. Il faut que je craigne de m'abaisser en voulant trop m'élever. Si je veux savoir comment il faut que je donne, il faut que je me mette à la place de celui qui reçoit. Il faut que je m'abstienne de nuire à qui que ce soit. Il est à propos que j'aille prendre l'air, et je reviens tout de suite. Il faut qu'il m'attende jusqu'à ce que je revienne. Il faut que je dîne, et que j'aille ensuite me promener. Il ne faut pas que je parle mal de qui que ce soit. Il faut que je tende à la perfection, et que je n'y prétende jamais. Puisque je lui ai donné ma parole, il faut bien que je la lui tienne. Il faut que je n'oublie jamais les bienfaits que j'ai reçus, mais que j'oublie promptement ceux que j'ai accordés. Il vaut mieux que je déplaise à mon ami que de lui dissimuler ce que j'ai sur le cœur. Il vaut mieux que je vive pauvre que de voler mon prochain. Il faut que je ménage bien mon argent, car je sais ce que c'est que de vivre. Il faut que je sois en garde contre les écrivains même accrédités. Ce n'est point assez que je pardonne les offenses, il faut encore que je les oublie. Si je veux être aimé, il faut que je sois aimable. Avant tout, il faut que je compte sur moi. Il faut que je m'en aille tout de suite, et que je revienne de même.

VERBES DE VOLONTÉ.

Règle.

Les verbes qui expriment la volonté régissent le subjonctif. Il faut ranger parmi ces verbes ceux qui expriment l'ordre, le commandement, etc., dans lesquels la volonté est implicitement contenue.

Modèle.

Temps simple.

Ind. pr.   Tandis que je lis, je veux qu'il se taise.
Tandis que tu lis, tu veux qu'il se taise.
Tandis qu'il lit, il veut qu'il se taise.
Tandis que nous lisons, nous voulons qu'il se taise.
Tandis que vous lisez, vous voulez qu'il se taise.
Tandis qu'ils lisent, ils veulent qu'il se taise.

Temps composé.

Passé indéf. Tandis que j'ai lu, j'ai voulu qu'il se soit tu.
Tandis que tu as lu, tu as voulu qu'il se soit tu.
Tandis qu'il a lu, il a voulu qu'il se soit tu.
Tandis que nous avons lu, nous avons voulu qu'il se soit tu
Tandis que vous avez lu, vous avez voulu qu'il se soit tu.
Tandis qu'ils ont lu, ils ont voulu qu'il se soit tu.

Temps simple.

Imparf. Tandis que je lisais, je voulais qu'il se tût.
Tandis que tu lisais, tu voulais qu'il se tût.
Tandis qu'il lisait, il voulait qu'il se tût.
Tandis que nous lisions, nous voulions qu'il se tût.
Tandis que vous lisiez, vous vouliez qu'il se tût.
Tandis qu'ils lisaient, ils voulaient qu'il se tût.

Temps composé.

Pl.-q.-parf Tandis que j'avais lu, j'avais voulu qu'il ⎫
Tandis que tu avais lu, tu avais voulu qu'il ⎪
Tandis qu'il avait lu, il avait voulu qu'il ⎬ se tût tu.
Tandis que nous avions lu, nous avions voulu qu'il ⎪
Tandis que vous aviez lu, vous aviez voulu qu'il ⎪
Tandis qu'ils avaient lu, ils avaient voulu qu'il ⎭

Temps simple.

Passé déf. Tandis que je lus, je voulus qu'il se tût.
Tandis que tu lus, tu voulus qu'il se tût.
Tandis qu'il lût, il voulût qu'il se tût.
Tandis que nous lûmes, nous voulûmes qu'il se tût.
Tandis que vous lûtes, vous voulûtes qu'il se tût.
Tandis qu'ils lurent, ils voulurent qu'il se tût.

Temps composé.

. On dit aussi : Tandis que j'eusse lu, j'eusse voulu ⎫
Tandis que tu eusses lu, tu eusses voulu ⎪
Tandis qu'il eût lu, il eût voulu ⎬ qu'il se tût tu.
Tandis que nous eussions lu, nous eussions voulu ⎪
Tandis que vous eussiez lu, vous eussiez voulu ⎪
Tandis qu'ils eussent lu, ils eussent voulu ⎭

Temps simple.

Futur pr. Tandis que je lirai, je voudrai qu'il se taise.
Tandis que tu liras, tu voudras qu'il se taise.
Tandis qu'il lira, il voudra qu'il se taise.
Tandis que nous lirons, nous voudrons qu'il se taise.
Tandis que vous lirez, vous voudrez qu'il se taise.
Tandis qu'ils liront, ils voudront qu'il se taise.

Temps composé.

Futur passé. Tandis que j'aurai lu, j'aurai voulu
Tandis que tu auras lu, tu auras voulu
Tandis qu'il aura lu, il aura voulu
Tandis que nous aurons lu, nous aurons voulu
Tandis que vous aurez lu, vous aurez voulu
Tandis qu'ils auront lu, ils auront voulu
{ qu'il se soit tu.

Temps simple.

Cond. pr. Tandis que je lirais, je voudrais qu'il se tût.
Tandis que tu lirais, tu voudrais qu'il se tût.
Tandis qu'il lirait, il voudrait qu'il se tût.
Tandis que nous lirions, nous voudrions qu'il se tût.
Tandis que vous liriez, vous voudriez qu'il se tût.
Tandis qu'ils liraient, ils voudraient qu'il se tût.

Temps composé.

Cond. passé. Tandis que j'aurais lu, j'aurais voulu
Tandis que tu aurais lu, tu aurais voulu
Tandis qu'il aurait lu, il aurait voulu
Tandis que nous aurions lu, nous aurions voulu
Tandis que vous auriez lu, vous auriez voulu
Tandis qu'ils auraient lu, ils auraient voulu
{ qu'il se fût tu.

Temps composé.

On dit aussi: Tandis que j'eusse lu, j'eusse voulu
Tandis que tu eusses lu, tu eusses voulu
Tandis qu'il eût lu, il eût voulu
Tandis que nous eussions lu, nous eussions voulu
Tandis que vous eussiez lu, vous eussiez voulu
Tandis qu'ils eussent lu, ils eussent voulu
{ qu'il se fût tu.

Remarques. — Nous avons dit que, dans la concordance, les temps simples doivent être en relation avec des temps simples, et les temps composés avec des temps composés. Cependant rien n'empêche de lier une forme simple à une forme composée, et de dire : *j'ai voulu* qu'IL SE TAISE; *j'ai voulu* qu'IL SE SOIT TU; *qu'il se taise* indique un présent, un acte à faire; *qu'il se soit tu* exprime un passé, un acte réalisé.

Qu'on n'oublie pas que les verbes réfléchis se construisent, dans leurs temps composés, avec l'auxiliaire *être*.

Exercice.

(Ecrire, d'après le modèle, sur une seule ligne, à tous les temps et à toutes les personnes, les phrases ci-après.)

Il faut que j'obéisse, si je veux qu'on m'obéisse un jour. La religion exige que je sacrifie un ressentiment. Si je meurs, je veux que l'on me fasse enterrer le mieux que l'on pourra. Je suis un homme sans cérémonie, sans façon, et je ne veux pas qu'on se gêne avec moi. Le prêteur exige que je fasse une obligation par-devant notaire. Qui que ce soit qui me demandera, je veux qu'on dise que je suis occupé. Je demande qu'on m'assiste dans mon malheur. La loi ordonne que je sois soldat à vingt ans. Le bien que j'ai reçu de quelqu'un veut que je respecte le mal qu'il me fait. Veux-je que ma cave soit saine et aérée, il faut que je fasse ouvrir un soupirail. La religion veut que je fasse du bien à ceux qui me font du mal. Je ne veux pas qu'on fasse plus de bruit après ma mort que je n'en ferai dans ma vie. Si je joue, je veux que ce soit moi qui sois le général.

VERBES DE DÉSIR.

Règle.

Comme nous l'avons dit précédemment, les verbes qui expriment le désir, le regret, régissent le subjonctif.

Modèle.

Temps simple.

Ind. pr.
Il est à souhaiter que je vienne à bout de mon
Il est à souhaiter que tu viennes à bout de ton
Il est à souhaiter qu'il vienne à bout de son
Il est à souhaiter que nous venions à bout de notre
Il est à souhaiter que vous veniez à bout de votre
Il est à souhaiter qu'ils viennent à bout de leur
} entreprise.

Temps composé.

Passé indéf.
Il a été à souhaiter que je sois venu à bout de mon
Il a été à souhaiter que tu sois venu à bout de ton
Il a été à souhaiter qu'il soit venu à bout de son
Il a été à souhaiter que nous soyons venus à bout de notre
Il a été à souhaiter que vous soyez venus à bout de votre
Il a été à souhaiter qu'ils soient venus à bout de leur
} entreprise.

Temps simple.

Imparf.	Il était à souhaiter que je vinsse à bout de mon
	Il était à souhaiter que tu vinsses à bout de ton
	Il était à souhaiter qu'il vînt à bout de son
	Il était à souhaiter que nous vinssions à bout de notre
	Il était à souhaiter que vous vinssiez à vout de votre
	Il était à souhaiter qu'ils vinssent à bout de leur

entreprise.

Temps composé.

Pl.-q.-parf.	Il avait été à souhaiter que je fusse venu à bout de mon
	Il avait été à souhaiter que tu fusses venu à bout de ton
	Il avait été à souhaiter qu'il fusse venu à bout de son
	Il avait été à souhaiter que nous fussions venus à bout de notre
	Il avait été à souhaiter que vous fussiez venus à bout de votre
	Il avait été à souhaiter qu'ils fussent venus à bout de leur

entreprise.

Temps simple.

Passé déf.	Il fut à souhaiter que je vinsse à bout de mon
	Il fut à souhaiter que tu vinsses à bout de ton
	Il fut à souhaiter qu'il vînt à bout de son
	Il fut à souhaiter que nous vinssions à bout de notre
	Il fut à souhaiter que vous vinssiez à bout de votre
	Il fut à souhaiter qu'ils vinssent à bout de leur

entreprise.

Temps composé.

On dit aussi :	Il eût été à souhaiter que je fusse venu à bout de mon
	Il eût été à souhaiter que tu fusses venu à bout de ton
	Il eût été à souhaiter qu'il fût venu à bout de son
	Il eût été à souhaiter que nous fussions venus à bout de notre
	Il eût été à souhaiter que vous fussiez venus à bout de votre
	Il eût été à souhaiter qu'ils fussent venus à bout de leur

entreprise.

Temps simple.

Futur pr.	Il sera à souhaiter que je vienne à bout de mon
	Il sera à souhaiter que tu viennes à bout de ton
	Il sera à souhaiter qu'il vienne à bout de son
	Il sera à souhaiter que nous venions à bout de notre
	Il sera à souhaiter que vous veniez à bout de votre
	Il sera à souhaiter qu'ils viennent à bout de leur

entreprise.

Temps composé.

Futur passé. Il aura été à souhaiter que je sois venu à bout de mon \
Il aura été à souhaiter que tu sois venu à bout de ton \
Il aura été à souhaiter qu'il soit venu à bout de son \
Il aura été à souhaiter que nous soyons venus à bout \
de notre \
Il aura été à souhaiter que vous soyez venus à bout \
de votre \
Il aura été à souhaiter qu'ils soient venus à bout \
de leur } entreprise.

Temps simple.

Cond. pr. Il serait à souhaiter que je vinsse à bout de mon \
Il serait à souhaiter que tu vinsses à bout de ton \
Il serait à souhaiter qu'il vînt à bout de son \
Il serait à souhaiter que nous vinssions à bout de \
notre \
Il serait à souhaiter que vous vinssiez à bout de votre \
Il serait à souhaiter qu'ils vinssent à bout de leur } entreprise.

Temps composé.

Cond. passé. Il aurait été à souhaiter que je fusse venu à bout \
de mon \
Il aurait été à souhaiter que tu fusses venu à \
bout de ton \
Il aurait été à souhaiter qu'il fût venu à bout de son \
Il aurait été à souhaiter que nous fussions venus \
à bout de notre \
Il aurait été à souhaiter que vous fussiez venus à \
bout de votre \
Il aurait été à souhaiter qu'ils fussent venus à bout \
de leur } entreprise.

Temps composé.

On dit aussi : Il eût été à souhaiter que je fusse venu à bout de mon \
Il eût été à souhaiter que tu fusses venu à bout de ton \
Il eût été à souhaiter qu'il fût venu à bout de son \
Il eût été à souhaiter que nous fussions venus à \
bout de notre \
Il eût été à souhaiter que vous fussiez venus à bout \
de votre \
Il eût été à souhaiter qu'ils fussent venus à bout \
de leur } entreprise.

Remarque. — Le verbe *espérer* régit toujours le futur, quand il est employé affirmativement. *J'espère qu'il viendra.* Mais si ce verbe est employé négativement ou interrogativement, le verbe de la proposition subordonnée se met au subjonctif : *Je n'espère pas qu'il vienne ; espérez-vous qu'il vienne ?*

Exercice.

(Écrire, d'après le modèle, sur une seule ligne, à tous les temps et à toutes les personnes, les phrases ci-après.)

Plaise [1] à Dieu que je n'aie jamais rien à me reprocher ! A Dieu ne plaise que je souhaite la mort du prochain ! Il désire que je lui réitère la promesse que je lui ai faite. A Dieu ne plaise que je désire la guerre ! Il est à désirer que je ne lise que de bons ouvrages. Mes parents souhaitent que je réussisse dans tout ce que j'entreprendrai. A Dieu ne plaise qu'il donne à mes paroles un autre sens que celui que je leur donne ! Personne, plus que moi, ne souhaite qu'il soit mon gendre. Je souhaite que tout le monde se conduise comme moi. Mes parents souhaitent que je fasse du bruit dans le monde, et moi, je ne désire que le repos. Il est à souhaiter, qu'après avoir entrepris une chose, j'en vienne à bout à mon honneur. Lorsqu'on m'invite à prendre quelque chose, on souhaite quelquefois que je ne le prenne pas. Si on demande que nous tolérions l'opinion des autres, nous désirons à notre tour que l'on tolère la nôtre.

VERBES DE CRAINTE.

Règle.

Après les verbes qui expriment la crainte, comme *craindre*, *appréhender*, *avoir peur*, le verbe de la proposition subordonnée se met toujours au subjonctif.

---

[1] *Plaise à Dieu, plût à Dieu*, s'emploient avec les formes simples comme avec les formes composées du verbe subordonné.

Modèle.

Temps simple.

Ind. pr. Je crains qu'on ne vienne me déranger.
Tu crains qu'on ne vienne te déranger.
Il craint qu'on ne vienne le déranger.
Nous craignons qu'on ne vienne nous déranger.
Vous craignez qu'on ne vienne vous déranger.
Ils craignent qu'on ne vienne les déranger.

Temps composé.

Passé indéf. J'ai craint qu'on ne soit venu me déranger.
Tu as craint qu'on ne soit venu te déranger.
Il a craint qu'on ne soit venu le déranger.
Nous avons craint qu'on ne soit venu nous déranger.
Vous avez craint qu'on ne soit venu vous déranger.
Ils ont craint qu'on ne soit venu les déranger.

Temps simple.

Imparf. Je craignais qu'on ne vînt me déranger.
Tu craignais qu'on ne vînt te déranger.
Il craignait qu'on ne vînt le déranger.
Nous craignions qu'on ne vînt nous déranger.
Vous craigniez qu'on ne vînt vous déranger.
Ils craignaient qu'on ne vînt les déranger.

Temps composé.

Pl.-q.-parf. J'avais craint qu'on ne fût venu me déranger.
Tu avais craint qu'on ne fût venu te déranger.
Il avait craint qu'on ne fût venu le déranger.
Nous avions craint qu'on ne fût venu nous déranger.
Vous aviez craint qu'on ne fût venu vous déranger.
Ils avaient craint qu'on ne fût venu les déranger.

Temps simple.

Passé déf. Je craignis qu'on ne vînt me déranger.
Tu craignis qu'on ne vînt te déranger.
Il craignit qu'on ne vînt le déranger.
Nous craignîmes qu'on ne vînt nous déranger.
Vous craignîtes qu'on ne vînt vous déranger.
Ils craignirent qu'on ne vînt les déranger.

Temps composé.

On dit aussi : J'eusse craint qu'on ne fût venu me déranger.
Tu eusses craint qu'on ne fût venu te déranger.
Il eût craint qu'on ne fût venu le déranger.
Nous eussions craint qu'on ne fût venu nous déranger.
Vous eussiez craint qu'on ne fût venu vous déranger.
Ils eussent craint qu'on ne fût venu les déranger.

Temps simple.

Futur pr. Je craindrai qu'on ne vienne me déranger.
Tu craindras qu'on ne vienne te déranger.
Il craindra qu'on ne vienne le déranger.
Nous craindrons qu'on ne vienne nous déranger.
Vous craindrez qu'on ne vienne vous déranger.
Ils craindront qu'on ne vienne les déranger.

Temps composé.

Futur passé. J'aurai craint qu'on ne soit venu me déranger.
Tu auras craint qu'on ne soit venu te déranger.
Il aura craint qu'on ne soit venu le déranger.
Nous aurons craint qu'on ne soit venu nous déranger.
Vous aurez craint qu'on ne soit venu vous déranger.
Ils auront craint qu'on ne soit venu les déranger.

Temps simple.

Cond. pr. Je craindrais qu'on ne vînt me déranger.
Tu craindrais qu'on ne vînt te déranger.
Il craindrait qu'on ne vînt le déranger.
Nous craindrions qu'on ne vînt nous déranger.
Vous craindriez qu'on ne vînt vous déranger.
Ils craindraient qu'on ne vînt les déranger.

Temps composé.

Cond. passé. J'aurais craint qu'on ne fût venu me déranger.
Tu aurais craint qu'on ne fût venu te déranger.
Il aurait craint qu'on ne fût venu le déranger
Nous aurions craint qu'on ne fût venu nous déranger.
Vous auriez craint qu'on ne fût venu vous déranger.
Ils auraient craint qu'on ne fût venu les déranger.

Temps composé.

On dit aussi : J'eusse craint qu'on ne fût venu me déranger.
Tu eusses craint qu'on ne fût venu te déranger.
Il eût craint qu'on ne fût venu le déranger.
Nous eussions craint qu'on ne fût venu nous déranger.
Vous eussiez craint qu'on ne fût venu vous déranger.
Ils eussent craint qu'on ne fût venu les déranger.

Remarque. — Après les verbes *craindre, appréhender, avoir peur, trembler, il est dangereux,* on exprime *ne* dans la proposition subordonnée, quand la proposition primordiale est affirmative ; mais si cette proposition est négative, on n'exprime jamais *ne* dans la proposition secondaire. Dans les phrases interrogatives, on exprime ou non la négation, selon que ces phrases peuvent se résoudre affirmativement ou négativement. Ainsi : *craignez-vous que mes vœux ne soient exaucés ?* c'est pour *vous craignez que mes vœux*, etc. De là la négative. Mais *peut-on craindre que la terre manque aux hommes ?* c'est pour *on ne peut craindre*, etc. Par conséquent, la négation n'a pas dû être exprimée.

Exercice.

(Ecrire, d'après le modèle, sur une seule ligne, à tous les temps et à toutes les personnes, les phrases ci-après.)

Je ne crains pas qu'on vienne me couper la gorge dans la pensée que je suis tout cousu de pistoles. J'appréhende qu'il ne se fasse du mal. Quand je suis à travailler, je crains qu'on ne vienne me déranger. Si nous sortons, il est à craindre que la pluie ne nous prenne en chemin. Je fais tout ce qui dépend de moi, sans craindre que l'on me blâme.

VERBES DE DOUTE.

Règle.

Comme nous l'avons dit, après les verbes et les expressions qui expriment le doute, le verbe de la proposition subordonnée se met toujours au subjonctif.

Modèle.

Temps simple.

Ind. pr.   Je doute qu'il devienne mon ami.
Tu doutes qu'il devienne ton ami.
Il doute qu'il devienne son ami.
Nous doutons qu'il devienne notre ami.
Vous doutez qu'il devienne votre ami.
Ils doutent qu'il devienne leur ami.

Temps composé.

Passé indéf. J'ai douté qu'il soit devenu mon ami.
Tu as douté qu'il soit devenu ton ami.
Il a douté qu'il soit devenu son ami.
Nous avons douté qu'il soit devenu notre ami.
Vous avez douté qu'il soit devenu votre ami.
Ils ont douté qu'il soit devenu leur ami.

Temps simple.

Imparf. | Je doutais qu'il devînt mon ami.
Tu doutais qu'il devînt ton ami.
Il doutait qu'il devînt son ami.
Nous doutions qu'il devînt notre ami.
Vous doutiez qu'il devînt votre ami.
Ils doutaient qu'il devînt leur ami.

Temps composé.

Pl.-q.-parf. | J'avais douté qu'il fût devenu mon ami.
Tu avais douté qu'il fût devenu ton ami.
Il avait douté qu'il fût devenu son ami.
Nous avions douté qu'il fût devenu notre ami.
Vous aviez douté qu'il fût devenu votre ami.
Ils avaient douté qu'il fût devenu leur ami.

Temps simple.

Passé déf. | Je doutai qu'il devînt mon ami.
Tu doutas qu'il devînt ton ami.
Il douta qu'il devînt son ami.
Nous doutâmes qu'il devînt notre ami.
Vous doutâtes qu'il devînt votre ami.
Ils doutèrent qu'il devînt leur ami.

Temps composé.

On dit aussi : J'eusse douté qu'il fût devenu mon ami.
Tu eusses douté qu'il fût devenu ton ami.
Il eût douté qu'il fût devenu son ami.
Nous eussions douté qu'il fût devenu notre ami.
Vous eussiez douté qu'il fût devenu votre ami.
Ils eussent douté qu'il fût devenu leur ami.

Temps simple.

Futur pr. | Je douterai qu'il devienne mon ami.
Tu douteras qu'il devienne ton ami
Il doutera qu'il devienne son ami.
Nous douterons qu'il devienne notre ami.
Vous douterez qu'il devienne votre ami.
Ils douteront qu'il devienne leur ami.

Temps composé.

Futur passé. | J'aurai douté qu'il soit devenu mon ami.
Tu auras douté qu'il soit devenu ton ami.
Il aura douté qu'il soit devenu son ami.
Nous aurons douté qu'il soit devenu notre ami.
Vous aurez douté qu'il soit devenu votre ami.
Ils auront douté qu'il soit devenu leur ami.

Temps simple.

Cond. pr. Je douterais qu'il devînt mon ami.
Tu douterais qu'il devînt ton ami.
Il douterait qu'il devînt son ami.
Nous douterions qu'il devînt notre ami.
Vous douteriez qu'il devînt votre ami.
Ils douteraient qu'il devînt leur ami.

Temps composé.

Cond. passé. J'aurais douté qu'il fût devenu mon ami.
Tu aurais douté qu'il fût devenu ton ami.
Il aurait douté qu'il fût devenu son ami.
Nous aurions douté qu'il fût devenu notre ami.
Vous auriez douté qu'il fût devenu votre ami.
Ils auraient douté qu'il fût devenu leur ami.

Temps composé.

On dit aussi: J'eusse douté qu'il fût devenu mon ami.
Tu eusses douté qu'il fût devenu ton ami.
Il eût douté qu'il fût devenu son ami.
Nous eussions douté qu'il fût devenu notre ami.
Vous eussiez douté qu'il fût devenu votre ami.
Ils eussent douté qu'il fût devenu leur ami.

Remarques. — Lorsque les verbes *douter, contester, nier, disconvenir, désespérer,* sont employés affirmativement, il ne faut pas après eux exprimer la négation ; mais, s'ils sont employés négativement, *ne* se met dans la proposition subordonnée.

Néanmoins, s'il s'agissait d'exprimer une chose positive, incontestable, *ne*, dans ce cas, pourrait être supprimé, comme dans cette phrase de Châteaubriand : *Personne ne nie qu'il y ait un Dieu.*

Dans les phrases interrogatives, on exprime généralement la négation : *doutes-tu qu'il ne veuille implorer ma clémence? Peut-on nier que les bonnes mœurs ne soient essentielles à la durée des empires.*

Exercice.

(Ecrire, d'après le modèle, sur une seule ligne, à tous les temps et à toutes les personnes, les phrases ci-après.)

Je ne doute pas que le ciel, touché de ma triste position,

— 31 —

ne m'en retire un jour. On ne doute pas que je n'arrive à l'accomplissement de mes desseins, pour peu que je persévère. Je ne doute pas que le successeur qui m'est destiné n'ait plus de talent et de capacité que moi. Il n'est pas douteux que je ne doive des témoignages de reconnaissance à ceux à qui je suis redevable de la vie. Il est indubitable qu'il faut que je meure. On ne doute pas que je n'arrive à être le premier, pour peu que je continue. Comme je l'ai offensé, je doute qu'il veuille me pardonner. Je ne puis douter que les pôles ne soient couverts de glace. Je ne doute pas que la vraie dévotion ne soit la source du repos. Je ne doute pas qu'il ne soit convaincu de ce que je lui dis.

Subjonctif après les adjectifs construits avec IL EST, *et après les verbes impersonnels.*

Règle.

Après les locutions *il est juste, il est bon, il est nécessaire, il est temps, il est besoin,* etc., le verbe qui suit se met au subjonctif. Il en est de même après les verbes dits *impersonnels* ou *unipersonnels.*

Modèle.

Temps simple.

Ind. pr. Il n'est pas besoin que je naisse gentilhomme, mais il faut que je tâche
Il n'est pas besoin que tu naisses gentilhomme, mais il faut que tu tâches
Il n'est pas besoin qu'il naisse gentilhomme, mais il faut qu'il tâche
Il n'est pas besoin que nous naissions gentilshommes, mais il faut que nous tâchions
Il n'est pas besoin que vous naissiez gentilshommes, mais il faut que vous tâchiez
Il n'est pas besoin qu'ils naissent gentilshommes, mais il faut qu'ils tâchent

} de le devenir par des talents et des vertus.

Temps composé.

Passé indéf. Il n'a pas été besoin que je sois né gentilhomme,
mais il a fallu que j'aie tâché
Il n'a pas été besoin que tu sois né gentilhomme,
mais il a fallu que tu aies tâché
Il n'a pas été besoin qu'il soit né gentilhomme,
mais il a fallu qu'il ait tâché
Il n'a pas été besoin que nous soyons nés gentilshommes, mais il a fallu que nous ayons tâché
Il n'a pas été besoin que vous soyez nés gentilshommes, mais il a fallu que vous ayez tâché
Il n'a pas été besoin qu'ils soient nés gentilshommes, mais il a fallu qu'ils aient tâché

de le devenir par des talents et des vertus.

Temps simple.

Imparf. Il ne fallait pas que je naquisse gentilhomme, mais
il fallait que je tâchasse
Il ne fallait pas que tu naquisses gentilhomme, mais
il fallait que tu tâchasses
Il ne fallait pas qu'il naquît gentilhomme, mais il
fallait qu'il tâchât
Il ne fallait pas que nous naquissions gentilshommes, mais il fallait que nous tâchassions
Il ne fallait pas que vous naquissiez gentilshommes,
mais il fallait que vous tâchassiez
Il ne fallait pas qu'ils naquissent gentilshommes,
mais il fallait qu'ils tâchassent

de le devenir par des talents et des vertus.

Temps composé.

Pl.-q.-parf. Il n'avait pas fallu que je fusse né gentilhomme,
mais il avait fallu que j'eusse tâché
Il n'avait pas fallu que tu fusses né gentilhomme,
mais il avait fallu que tu eusses tâché
Il n'avait pas fallu qu'il fût né gentilhomme, mais
il avait fallu qu'il eût tâché
Il n'avait pas fallu que nous fussions nés gentilshommes, mais il avait fallu que nous eussions tâché
Il n'avait pas fallu que vous fussiez nés gentilshommes, mais il avait fallu que vous eussiez tâché
Il n'avait pas fallu qu'ils fussent nés gentilshommes,
mais il avait fallu qu'ils eussent tâché

de le devenir par de talents et des vertus.

Temps simple.

Passé déf. Il ne fût pas besoin que je naquisse gentilhomme,
mais il fallut que je tâchasse
Il ne fût pas besoin que tu naquisses gentilhomme,
mais il fallut que tu tâchasses
Il ne fût pas besoin qu'il naquît gentilhomme,
mais il fallut qu'il tâchât
Il ne fût pas besoin que nous naquissions gentilshommes, mais il fallut que nous tâchâmes
Il ne fût pas besoin que vous naquissiez gentilshommes, mais il fallut que vous tâchâtes
Il ne fût pas besoin qu'ils naquissent gentilshommes, mais il fallut qu'ils tâchassent

Temps composé.

On dit aussi : Il n'eût pas été besoin que je fusse né gentilhomme, mais il eût fallu que j'eusse tâché
Il n'eût pas été besoin que tu fusses né gentilhomme, mais il eût fallu que tu eusses tâché
Il n'eût pas été besoin qu'il fût né gentilhomme,
mais il eût fallu qu'il eût tâché
Il n'eût pas été besoin que nous fussions nés gentilshommes, mais il eût fallu que nous eussions tâché
Il n'eût pas été besoin que vous fussiez nés gentilshommes, mais il eût fallu que vous eussiez tâché
Il n'eût pas été besoin qu'ils fussent nés gentilshommes, mais il eût fallu qu'ils eussent tâché

Temps simple.

Futur. pr.[1] Il ne sera pas besoin que je naisse gentilhomme,
mais il faudra que je tâche
Il ne sera pas besoin que tu naisses gentilhomme,
mais il faudra que tu tâches
Il ne sera pas besoin qu'il naisse gentilhomme,
mais il faudra qu'il tâche
Il ne sera pas besoin que nous naissions gentilshommes, mais il faudra que nous tâchions
Il ne sera pas besoin que vous naissiez gentilshommes, mais il faudra que vous tâchiez
Il ne sera pas besoin qu'il naissent gentilshommes, mais il faudra qu'ils tâchen

---

[1] Cette première personne ne paraît pas logique, et c'est la faute ici de la concordance. Cependant nous la trouvons rationnelle comme toutes les autres, car un noble qui voudrait raconter sa vie et qui aurait des raisons pour cacher son origine pourrait bien employer la forme que nous donnons.

Temps composé.

Futur passé. Il n'aura pas été besoin que je sois né gentilhomme, mais il aura fallu que j'aie tâché
Il n'aura pas été besoin que tu sois né gentilhomme, mais il aura fallu que tu aies tâché
Il n'aura pas été besoin qu'il soit né gentilhomme,
mais il aura fallu qu'il ait tâché
Il n'aura pas été besoin que nous soyons nés gentilshommes, mais il aura fallu que nous ayons tâché
Il n'aura pas été besoin que vous soyez nés gentilshommes, mais il aura fallu que vous ayez tâché
Il n'aura pas été besoin qu'ils soient nés gentilshommes, mais il aura fallu qu'ils aient tâché

de le devenir par des talents et des vertus

Temps simple.

Cond. pr. Il ne serait pas besoin que je naquisse gentilhomme, mais il faudrait que je tâchasse
Il ne serait pas besoin que tu naquisses gentilhomme, mais il faudrait que tu tâchasses
Il ne serait pas besoin qu'il naquît gentilhomme,
mais il faudrait qu'il tâchât
Il ne serait pas besoin que nous naquissions gentilshommes, mais il faudrait que nous tâchassions
Il ne serait pas besoin que vous naquissiez gentilshommes, mais il faudrait que vous tâchassiez
Il ne serait pas besoin qu'ils naquissent gentilshommes, mais il faudrait qu'ils tâchassent

de le devenir par des talents et des vertus.

Temps composé.

Cond. passé. Il n'aurait pas été besoin que je fusse né gentilhomme, mais il aurait fallu que j'eusse tâché
Il n'aurait pas été besoin que tu fusses gentilhomme, mais il aurait fallu que tu eusses tâché
Il n'aurait pas été besoin qu'il fût né gentilhomme,
mais il aurait fallu qu'il eût tâché
Il n'aurait pas été besoin que nous fussions nés
gentilshommes, mais il aurait
fallu que nous eussions tâché
Il n'aurait pas été besoin que vous fussiez nés
gentilshommes, mais il aurait
fallu que vous eussiez tâché
Il n'aurait pas été besoin qu'ils fussent nés gentilshommes, mais il aurait fallu qu'ils eussent tâché

de le devenir par des talents et des vertus.

Temps composé.

On dit aussi : Il n'eût pas été besoin que je fusse né gentilhomme, mais il eût fallu que j'eusse tâché
Il n'eût pas été besoin que tu fusses né gentilhomme, mais il eût fallu que tu eusses tâché
Il n'eût pas été besoin qu'il fût né gentilhomme,
mais il eût fallu qu'il eût tâché
Il n'eût pas été besoin que nous fussions nés gentilshommes, mais il eût fallu que nous eussions tâché
Il n'eût pas été besoin que vous fussiez nés gentilshommes, mais il eût fallu que vous eussiez tâché
Il n'eût pas été besoin qu'ils fussent nés gentilshommes, mais il eût fallu qu'ils eussent tâché

> de le devenir par des talents et des vertus.

Remarque. — Le verbe *naître* se conjugue avec *être* dans les temps composés.

Exercice.

(Écrire, d'après le modèle et sur une seule ligne, les phrases suivantes, à tous les temps et à toutes les personnes.)

Il n'y a que moi qui ne me fâche plus quand on me plaisante. Il me faut un Dieu, et il vaut mieux que je le prenne dans le ciel que sur la terre. Il ne faut pas que je me fie toujours aux on dit. Il vaut mieux que je sache peu de choses, pourvu que je les sache à fond et pour toujours. Il ne faut pas que j'oublie les bienfaits de Dieu ni ceux de mes parents. Il est bon quelquefois que je fasse semblant de ne pas entendre les choses que je n'entends que trop bien. Dans l'état de maladie où je suis, il est peu appa-
rent que je soutienne un long voyage. Si je veux être aimé, il faut que je sois aimable. Il ne faut pas que je parle mal de qui que ce soit. C'est assez que je parle pour que l'on me croie. Il vaut mieux que je ne dise rien que de dire des riens. Comme je suis dans le pays des fictions, il est difficile que je n'en emprunte pas le langage. L'argent qu'on me prête, il est juste que je le rende. Il n'y a rien qui nous paie mieux de nos fatigues que les louanges éclai-
rées. Dès que j'ai commis une faute, il faut que je m'en re-
pente et que je la répare. Si je demande à contre-temps, il est difficile que j'obtienne ce que je souhaite. Il est rare que

je ne fasse pas un bon marché, si j'achète des plaisirs par des privations. Il n'est pas nécessaire que je vive, mais bien que je fasse mon devoir. Il vaut mieux que je prévienne le mal que d'être réduit à le réparer. Il n'est pas juste que j'aille sur la terre de mon voisin, et il n'est pas juste non plus que mon voisin entre sur la mienne. Il n'y a guère que moi qui sois capable d'entreprendre des choses désespérées. Il est à propos que j'aille prendre l'air, et je reviens tout de suite. Il est bon que j'obéisse aux lois.

Subjonctif après QUELQUE, QUEL QUE, QUOI QUE, *etc.*
Règle.

On met toujours le subjonctif après les expressions *quelque ..... que, quoique, quoi que, si ..... que,* etc. : *quelque grand qu'il soit, si pauvre qu'il soit.*

Modèle.
Temps simple.

Ind. pr. Quelque heureusement doué que je sois, je ne dois pas

Quelque heureusement doué que tu sois, tu ne dois pas

Quelque heureusement doué qu'il soit, il ne doit pas

Quelque heureusement doués que nous soyons, nous ne devons pas

Quelque heureusement doués que vous soyez, vous ne devez pas

Quelque heureusement doués qu'ils soient, ils ne doivent pas

} en tirer vanité.

Temps composé.

Passé indéf. Quelque heureusement doué que j'aie été, je n'ai pas dû

Quelque heureusement doué que tu aies été, tu n'as pas dû

Quelque heureusement doué qu'il ait été, il n'a pas dû

Quelque heureusement doués que nous ayons été, nous n'avons pas dû

Quelque heureusement doué que vous ayez été, vous n'avez pas dû

Quelque heureusement doués qu'ils aient été, ils n'ont pas dû

} en tirer vanité.

Temps simple.

Imparf. Quelque heureusement doué que je fusse, je ne devais pas
Quelque heureusement doué que tu fusses, tu ne devais pas
Quelque heureusement doué qu'il fût, il ne devait pas
Quelque heureusement doués que nous fussions, nous ne devions pas
Quelque heureusement doués que vous fussiez, vous ne deviez pas
Quelque heureusement doués qu'ils fussent, ils ne devaient pas

en tirer vanité.

Temps composé.

Pl.-q.-parf. Quelque heureusement doué que j'eusse été, je n'avais pas dû
Quelque heureusement doué que tu eusses été, tu n'avais pas dû
Quelque heureusement doué qu'il eût été, il n'avait pas dû
Quelque heureusement doués que nous eussions été, nous n'avions pas dû
Quelque heureusement doués que vous eussiez été, vous n'aviez pas dû
Quelque heureusement doués qu'ils eussent été, ils n'avaient pas dû

en tirer vanité.

Temps simple.

Passé déf. Quelque heureusement doué que je fusse, je ne dus pas
Quelque heureusement doué que tu fusses, tu ne dus pas
Quelque heureusement doué qu'il fût, il ne dût pas
Quelque heureusement doués que nous fussions, nous ne dûmes pas
Quelque heureusement doués que vous fussiez, vous ne dûtes pas
Quelque heureusement doués qu'ils fussent, ils ne durent pas

en tirer vanité.

Temps composé.

On dit aussi : Quelque heureusement doué que j'eusse été, je n'eusse pas dû
Quelque heureusement doué que tu eusses été, tu n'eusses pas dû
Quelque heureusement doué qu'il eût été, il n'eût pas dû
Quelque heureusement doués que nous eussions été, nous n'eussions pas dû
Quelque heureusement doués que vous eussiez été, vous n'eussiez pas dû
Quelque heureusement doués qu'ils eussent été, ils n'eussent pas dû
} en tirer vanité.

Temps simple.

Futur pr. Quelque heureusement doué que je sois, je ne devrai pas
Quelque heureusement doué que tu sois, tu ne devras pas
Quelque heureusement doué qu'il soit, il ne devra pas
Quelque heureusement doués que nous soyons, nous ne devrons pas
Quelque heureusement doués que vous soyez, vous ne devrez pas
Quelque heureusement doués qu'ils soient, ils ne devront pas
} en tirer vanité.

Temps composé.

Futur passé. Quelque heureusement doué que j'aie été, je n'aurai pas dû
Quelque heureusement doué que tu aies été, tu n'auras pas dû
Quelque heureusement doué qu'il ait été, il n'aura pas dû
Quelque heureusement doués que nous ayons été, nous n'aurons pas dû
Quelque heureusement doués que vous ayez été, vous n'aurez pas dû
Quelque heureusement doués qu'ils aient été, ils n'auront pas dû
} en tirer vanité.

Temps simple.

Cond. pr. Quelque heureusement doué que je fusse, je ne
devrais pas
Quelque heureusement doué que tu fusses, tu
ne devrais pas
Quelque heureusement doué qu'il fût, il ne de-
vrait pas
Quelque heureusement doués que nous fussions,
nous ne devrions pas
Quelque heureusement doués que vous fussiez, vous
ne devriez pas
Quelque heureusement doués qu'ils fussent, ils ne
devraient pas
\} en tirer vanité.

Temps composé.

Cond. passé. Quelque heureusement doué que j'eusse été, je
n'aurais pas dû
Quelque heureusement doué que tu eusses été,
tu n'aurais pas dû
Quelque heureusement doué qu'il eût été, il
n'aurait pas dû
Quelque heureusement doués que nous eussions
été, nous n'aurions pas dû
Quelque heureusement doués que vous eussiez
été, vous n'auriez pas dû
Quelque heureusement doués qu'ils eussent été,
ils n'auraient pas dû
\} en tirer vanité.

Temps composé.

On dit aussi : Quelque heureusement doué que j'eusse été, je
n'eusse pas dû
Quelque heureusement doué que tu eusses été,
tu n'eusses pas dû
Quelque heureusement doué qu'il eût été, il
n'eût pas dû
Quelque heureusement doués que nous eussions
été, nous n'eussions pas dû
Quelque heureusement doués que vous eussiez
été, vous n'eussiez pas dû
Quelque heureusement doués qu'ils eussent été,
ils n'eussent pas dû
\} en tirer vanité.

Remarques. — Ne confondez pas *quoique*, en un seul mot, avec *quoi que*, en deux mots. Le premier signifie *bien que*, le second *quelle que soit la chose que*. *Je l'ai fait, quoiqu'on ne me l'ait pas dit. Quoi que l'on dise, j'obéirai.*

On emploie peu les formes composées de *qui que ce soit*, *qui que ce fût, quoi que ce soit, quoi que ce fût.* Néanmoins elles existent, et on les rencontre chez les écrivains. Du reste, la concordance les exige absolument.

Exercice.

(Ecrire, d'après le modèle, sur une seule ligne, à tous les temps et à toutes les personnes, les phrases ci-après.)

Quoique je sache le latin, je veux faire à ses yeux comme si je ne le savais pas. Quoi que je fasse, rien ne peut changer mon tempérament. Quelque malheureux que je sois, je puis encore trouver plus malheureux que moi. En quelque pays que je me trouve, il faut que j'y vive comme si je devais y passer ma vie. Quelque savant que je sois, je veux encore m'instruire. Je ne puis encore le voir, quelque envie que j'en aie. Quelque chose qu'il m'ait dite, je n'ai pu le croire. Je fais ce que je dois, et quelle que soit l'opinion des autres, je m'en inquiète peu. Quelque raison que j'aie de me plaindre d'un serviteur, il est de mon devoir de le traiter avec bonté. Qui que ce soit qui me demandera, je veux qu'on dise que je suis occupé. Quelque mérite que j'aie, je ne pourrai, si je n'ai ni bonheur, ni protection, réussir à quoi que ce soit. Quoique la justice ne se vende pas, il en coûte beaucoup pour l'obtenir. A quelque rang que je sois né, il faut que je tâche de n'être pas inutile. Quelque courte que soit la vie, je vivrai longtemps si je pense beaucoup.

Subjonctif après AFIN QUE, A MOINS QUE, AVANT QUE, DE PEUR QUE, *etc.*

Règle.

On emploie toujours le subjonctif après les expressions suivantes :

Afin que, en cas que, où que, à moins que, pour que, sans que, au cas que, loin que, soit que, avant que, non que, bien que, non pas que, de peur que, nonobstant que, pour peu que, de crainte que, pourvu que.

Modèle.

Temps simple.

Ind. pr.   On me comprend sans qu'il soit nécessaire que je m'explique.

On te comprend sans qu'il soit nécessaire que tu t'expliques.

On le comprend sans qu'il soit nécessaire qu'il s'explique.

On nous comprend sans qu'il soit nécessaire que nous nous expliquions.

On vous comprend sans qu'il soit nécessaire que vous vous expliquiez.

On les comprend sans qu'il soit nécessaire qu'ils s'expliquent.

Temps composé.

Passé indéf.   On m'a compris sans qu'il ait été nécessaire que je me sois expliqué.

On t'a compris sans qu'il ait été nécessaire que tu te sois expliqué.

On l'a compris sans qu'il ait été nécessaire qu'il se soit expliqué.

On nous a compris sans qu'il ait été nécessaire que nous nous soyons expliqués.

On vous a compris sans qu'il ait été nécessaire que vous vous soyez expliqués.

On les a compris sans qu'il ait été nécessaire qu'ils se soient expliqués.

Temps simple.

Imparf.   On me comprenait sans qu'il fût nécessaire que je m'expliquasse.

On te comprenait sans qu'il fût nécessaire que tu t'expliquasses.

On le comprenait sans qu'il fût nécessaire qu'il s'expliquât.

On nous comprenait sans qu'il fût nécessaire que nous nous expliquassions.

On vous comprenait sans qu'il fût nécessaire que vous vous expliquassiez.

On les comprenait sans qu'il fût nécessaire qu'ils s'expliquassent.

Temps composé.

Pl.-q.-parf. On m'avait compris sans qu'il eût été nécessaire que je me fusse expliqué.

On t'avait compris sans qu'il eût été nécessaire que tu te fusses expliqué.

On l'avait compris sans qu'il eût été nécessaire qu'il se fût expliqué.

On nous avait compris sans qu'il eût été nécessaire que nous nous fussions expliqués.

On vous avait compris sans qu'il eût été nécessaire que vous vous fussiez expliqués.

On les avait compris sans qu'il eût été nécessaire qu'ils se fussent expliqués.

Temps simple.

Passé déf. On me comprit sans qu'il fût nécessaire que je m'expliquasse.

On te comprit sans qu'il fût nécessaire que tu t'expliquasses.

On le comprit sans qu'il fût nécessaire qu'il s'expliquât.

On nous comprit sans qu'il fût nécessaire que nous nous expliquassions.

On vous comprit sans qu'il fût nécessaire que vous vous expliquassiez.

On les comprit sans qu'il fût nécessaire qu'ils s'expliquassent.

Temps composé.

On dit aussi : On m'eût compris sans qu'il eût été nécessaire que je me fusse expliqué.

On t'eût compris sans qu'il eût été nécessaire que tu te fusses expliqué.

On l'eût compris sans qu'il eût été nécessaire qu'il se fût expliqué.

On nous eût compris sans qu'il eût été nécessaire que nous nous fussions expliqués.

On vous eût compris sans qu'il eût été nécessaire que vous vous fussiez expliqués.

On les eût compris sans qu'il eût été nécessaire qu'ils se fussent expliqués.

Temps simple.

Futur pr. On me comprendra sans qu'il soit nécessaire que je m'explique.

On te comprendra sans qu'il soit nécessaire que tu t'expliques.

On le comprendra sans qu'il soit nécessaire qu'il s'explique.

On nous comprendra sans qu'il soit nécessaire que nous nous expliquions.

On vous comprendra sans qu'il soit nécessaire que vous vous expliquiez.

On les comprendra sans qu'il soit nécesaire qu'ils s'expliquent.

Temps composé.

Futur passé. On m'aura compris sans qu'il ait été nécessaire que je me sois expliqué.

On t'aura compris sans qu'il ait été nécessaire que tu te sois expliqué.

On l'aura compris sans qu'il ait été nécessaire qu'il se soit expliqué.

On nous aura compris sans qu'il ait été nécessaire que nous nous soyons expliqués.

On vous aura compris sans qu'il ait été nécessaire que vous vous soyez expliqués.

On les aura compris sans qu'il ait été nécessaire qu'ils se soient expliqués.

Temps simple.

Cond. pr. On me comprendrait sans qu'il fût nécessaire que je m'expliquasse.

On te comprendrait sans qu'il fût nécessaire que tu t'expliquasses.

On le comprendrait sans qu'il fût nécessaire qu'il s'expliquât.

On nous comprendrait sans qu'il fût nécessaire que nous nous expliquassions.

On vous comprendrait sans qu'il fût nécessaire que vous vous expliquassiez.

On les comprendrait sans qu'il fût nécessaire qu'ils s'expliquassent.

Temps composé.

Cond. passé. On m'aurait compris sans qu'il eût été nécessaire que je me fusse expliqué.

On t'aurait compris sans qu'il eût été nécessaire que tu te fusses expliqué.

On l'aurait compris sans qu'il eût été nécessaire qu'il se fût expliqué.

On nous aurait compris sans qu'il eût été nécessaire que nous nous fussions expliqués.

On vous aurait compris sans qu'il eût été nécessaire que vous vous fussiez expliqués.

On les aurait compris sans qu'il eût été nécessaire qu'ils se fussent expliqués.

Temps composé.

On dit aussi : On m'eût compris sans qu'il eût été nécessaire que je me fusse expliqué.

On t'eût compris sans qu'il eût été nécessaire que tu te fusses expliqué.

On l'eût compris sans qu'il eût été nécessaire qu'il se fût expliqué.

On nous eût compris sans qu'il eût été nécessaire que nous nous fussions expliqués.

On vous eût compris sans qu'il eût été nécessaire que vous vous fussiez expliqués.

On les eût compris sans qu'il eût été nécessaire qu'ils se fussent expliqués.

Remarques. — *Avant que* et *sans que* refusent la négation dans la proposition subordonnée. *Je sortirai avant qu'il vienne. Je ne ferai rien sans qu'il y consente.*

Les locutions *à moins que, de peur que, de crainte que,* exigent après elles la négation. *A moins que je ne rêve. De peur qu'il n'arrive. De crainte qu'il ne se fâche.*

Exercice.

(Écrire, d'après le modèle, sur une seule ligne, à tous les temps et à toutes les personnes, les phrases ci-après.)

Je m'imagine être le plus heureux homme du monde, pourvu que tout marche à ma fantaisie. Il vaut mieux que je sache peu de choses, pourvu que je les sache à fond et pour toujours. Je ne dis rien des gens, pourvu qu'ils ne disent rien de moi. La vie est trop courte pour que je m'en inquiète. Nous ne pouvons être heureux sans qu'il nous en coûte. Pour peu que j'aie faim et que j'aie soif, je boirai et je mangerai. C'est assez que je parle pour que l'on me croie. Si j'écrivais comme je parle, encore que je parlasse très-bien, j'écrirais très-mal. Evite de faire des vers méchants, de peur qu'on ne t'accuse de faire de méchants vers. Il faut que je prévienne de mon voyage, au cas qu'on ait quelque chose à m'envoyer. Loin que je tremble à la vue du danger, je suis décidé à l'affronter. Je ne sortirai pas de crainte qu'il ne vienne. Soit qu'il m'arrive bien, soit qu'il m'arrive mal, j'ai toujours l'humeur égale.

Subjonctif 1° *après* QUE, *employé pour* AFIN QUE, A MOINS QUE, AVANT QUE, *etc.*; 2° *après* QUE, *dit impératif.*

Règle.

Toutes les fois que la conjonction *que* semble employée pour *avant que, sans que, afin que, à moins que*, etc., le verbe qui suit se met toujours au subjonctif. Il en est de même après *que* dit impératif.

Modèle.

Temps simple.

Indic. pr. Je ne pense pas à mon rêve que je n'en tremble.
Tu ne penses pas à ton rêve que tu n'en trembles.
Il ne pense pas à son rêve qu'il n'en tremble.
Nous ne pensons pas à notre rêve que nous n'en tremblions.
Vous ne pensez pas à votre rêve que vous n'en trembliez.
Ils ne pensent pas à leur rêve qu'ils n'en tremblent.

Temps composé.

Passé indéf. Je n'ai pas pensé à mon rêve que je n'en aie tremblé.
Tu n'as pas pensé à ton rêve que tu n'en aies tremblé.
Il n'a pas pensé à son rêve qu'il n'en ait tremblé.
Nous n'avons pas pensé à notre rêve que nous n'en ayons tremblé.
Vous n'avez pas pensé à votre rêve que vous n'en ayez tremblé.
Ils n'ont pas pensé à leur rêve qu'ils n'en aient tremblé.

Temps simple.

Imparf. Je ne pensais pas à mon rêve que je n'en tremblasse.
Tu ne pensais pas à ton rêve que tu n'en tremblasses.
Il ne pensait pas à son rêve qu'il n'en tremblât.
Nous ne pensions pas à notre rêve que nous n'en tremblassions.
Vous ne pensiez pas à votre rêve que vous n'en tremblassiez.
Ils ne pensaient pas à leur rêve qu'ils n'en tremblassent.

Temps composé.

Pl.-q.-parf. Je n'avais pas pensé à mon rêve que je n'en eusse tremblé.
Tu n'avais pas pensé à ton rêve que tu n'en eusses tremblé.
Il n'avait pas pensé à son rêve qu'il n'en eût tremblé.
Nous n'avions pas pensé à notre rêve que nous n'en eussions tremblé.
Vous n'aviez pas pensé à votre rêve que vous n'en eussiez tremblé.
Ils n'avaient pas pensé à leur rêve qu'ils n'en eussent tremblé.

Temps simple.

Passé déf. Je ne pensai pas à mon rêve que je n'en tremblasse.
Tu ne pensas pas à ton rêve que tu n'en tremblasses.
Il ne pensa pas à son rêve qu'il n'en tremblât.
Nous ne pensâmes pas à notre rêve que nous n'en tremblassions.
Vous ne pensâtes pas à votre rêve que vous n'en tremblassiez.
Ils ne pensèrent pas à leur rêve qu'ils n'en tremblassent.

Temps composé.

On dit aussi: Je n'eusse pas pensé à mon rêve que je n'en eusse tremblé.
Tu n'eusses pas pensé à ton rêve que tu n'en eusses tremblé.
Il n'eût pas pensé à son rêve qu'il n'en eût tremblé.
Nous n'eussions pas pensé à notre rêve que nous n'en eussions tremblé.
Vous n'eussiez pas pensé à votre rêve que vous n'en eussiez tremblé.
Ils n'eussent pas pensé à leur rêve qu'ils n'en eussent tremblé.

Temps simple.

Futur pr. Je ne penserai pas à mon rêve que je n'en tremble.
Tu ne penseras pas à ton rêve que tu n'en trembles.
Il ne pensera pas à son rêve qu'il n'en tremble.
Nous ne penserons pas à notre rêve que nous n'en tremblions.
Vous ne penserez pas à votre rêve que vous n'en trembliez.
Ils ne penseront pas à leur rêve qu'ils n'en tremblent.

Temps composé.

Futur passé. Je n'aurai pas pensé à mon rêve que je n'en aie tremblé.
Tu n'auras pas pensé à ton rêve que tu n'en aies tremblé.
Il n'aura pas pensé à son rêve qu'il n'en ait tremblé.
Nous n'aurons pas pensé à notre rêve que nous n'en ayons tremblé.
Vous n'aurez pas pensé à votre rêve que vous n'en ayez tremblé.
Ils n'auront pas pensé à leur rêve qu'ils n'en aient tremblé.

Temps simple.

Cond. pr. Je ne penserais pas à mon rêve que je n'en tremblasse.
Tu ne penserais pas à ton rêve que tu n'en tremblasses.
Il ne penserait pas à son rêve qu'il n'en tremblât.
Nous ne penserions pas à notre rêve que nous n'en tremblassions.
Vous ne penseriez pas à votre rêve que vous n'en tremblassiez.
Ils ne penseraient pas à leur rêve qu'ils n'en tremblassent.

Temps composé.

Cond. passé. Je n'aurais pas pensé à mon rêve que je n'en eusse tremblé.
Tu n'aurais pas pensé à ton rêve que tu n'en eusses tremblé,
Il n'aurait pas pensé à son rêve qu'il n'en eût tremblé.
Nous n'aurions pas pensé à notre rêve que nous n'en eussions tremblé.
Vous n'auriez pas pensé à votre rêve que vous n'en eussiez tremblé.
Ils n'auraient pas pensé à leur rêve qu'ils n'en eussent tremblé.

Temps composé,

On dit aussi : Je n'eusse pas pensé à mon rêve que je n'en eusse
tremblé.

Tu n'eusses pas pensé à ton rêve que tu n'en eusses
tremblé

Il n'eût pas pensé à son rêve qu'il n'en eût tremblé.

Nous n'eussions pas pensé à notre rêve que nous n'en
eussions tremblé.

Vous n'eussiez pas pensé à votre rêve que vous n'en
eussiez tremblé.

Ils n'eussent pas pensé à leur rêve qu'ils n'en eussent
tremblé.

Exercice.

(Écrire, d'après le modèle, sur une seule ligne, à tous les temps
et à toutes les personnes, les phrases ci-après.)

Je ne songe pas à l'avenir que cela ne m'effraie. Je ne
vois pas arriver le jour de l'an que je n'en saute de joie. Je
ne lui dis rien qu'il ne se fâche. Je n'entends pas parler
de guerre que je n'en tremble. On n'est pas plus tôt sorti
dans le pays qu'on n'ait mille mendiants à ses trousses.
Qu'il m'injurie tant qu'il voudra, je ne me mettrai pas en
peine de lui répondre. Qu'on se batte, qu'on se déchire,
cela m'est indifférent. Qu'on ne me dise pas que j'ai tort,
puisque j'ai raison. Qu'il vente, qu'il pleuve, qu'il grêle,
qu'il tonne, je vais toujours me promener. Que l'on me
donne des raisons convaincantes, et je m'y rendrai sans
contester. Que je fasse quelque invention bien lucrative,
et j'aurai bientôt des imitateurs. Que je sois résigné à
tout, et je serai invulnérable aux coups de la fortune.

JE NE SACHE PAS, QUE JE SACHE.

Règle.

On dit : *Je ne sache pas, nous ne sachions pas,* pour :
je ne connais pas, nous ne connaissons pas. On dit aussi,
soit au milieu, soit à la fin d'une phrase : *que je sache,
que nous sachions.* Ce qu'il y a de particulier, c'est que
cette manière de parler, qui est un véritable gallicisme,
n'a lieu qu'à la première personne du singulier ou du plu-

riel. On ne dit pas : *tu ne saches pas, il ne sache pas*. On dit cependant : *que tu saches, que vous sachiez ; est-il riche, que tu saches? est-il venu, que vous sachiez?*

Modèle.

Personne, {
que je sache,
que tu saches,
qu'il sache,
que nous sachions,
que vous sachiez,
qu'ils sachent,
} ne peut dire s'il vivra demain.

Exercice.

(Ecrire, d'après le modèle, sur une seule ligne, à tous les temps et à toutes les personnes, les phrases ci-après.)

Je ne sache pas qu'il y ait des fleurs tout à fait noires. Je ne sache pas qu'on ait jamais vu d'enfant en liberté se tuer. Je ne sache que trois peuples qui aient pratiqué l'éducation publique. Aucun, que je sache, n'a développé le mécanisme de l'odorat.

Subjonctif dans les phrases négatives ou interrogatives.

Règle.

Dans les phrases négatives ou interrogatives, le verbe de la proposition subordonnée se met généralement au subjonctif; mais, s'il arrive que, sous la forme négative ou interrogative, on exprime une idée positive, il faut alors se servir de l'indicatif. Exemples : *oubliez-vous, Madame, qu'il* EST *mon père? pensez-vous qu'il s'*AGIT *d'un forfait exécrable?*

Modèle.

Temps simple.

Ind. pr.
Je ne pense pas que je sois
Tu ne penses pas que tu sois } son parent.
Il ne pense pas qu'il soit
Nous ne pensons que nous soyons
Vous ne pensez pas que vous soyez } ses parents.
Ils ne pensent pas qu'ils soient.

Temps composé.

Passé indéf. Je n'ai pas pensé que j'aie été
Tu n'as pas pensé que tu aies été
Il n'a pas pensé qu'il ait été } son parent.

Nous n'avons pas pensé que nous ayons été
Vous n'avez pas pensé que vous ayez été
Il n'ont pas pensé qu'ils aient été } ses parents.

Temps simple.

Imparf. Je ne pensais pas que je fusse
Tu ne pensais pas que tu fusses
Il ne pensait pas qu'il fût } son parent.

Nous ne pensions pas que nous fussions
Vous ne pensiez pas que vous fussiez
Ils ne pensaient pas qu'ils fussent } ses parents.

Temps composé.

Pl.-q.-parf. Je n'avais pas pensé que j'eusse été
Tu n'avais pas pensé que tu eusses été
Il n'avait pas pensé qu'il eût été } son parent.

Nous n'avions pas pensé que nous eus-
sions été
Vous n'aviez pas pensé que vous eus-
siez été } ses parents.
Ils n'avaient pas pensé qu'ils eussent été

Temps simple.

Passé déf. Je ne pensai pas que je fusse
Tu ne pensas pas que tu fusses
Il ne pensa pas qu'il fût } son parent.

Nous ne pensâmes pas que nous fussions
Vous ne pensâtes pas que vous fussiez
Ils ne pensèrent pas qu'ils fussent } ses parents.

Temps composé.

On dit aussi : Je n'eusse pas pensé que j'eusse été
Tu n'eusses pas pensé que tu eusses été
Il n'eût pas pensé qu'il eût été } son parent.

Nous n'eussions pas pensé que nous
eussions été
Vous n'eussiez pas pensé que vous eus-
siez été } ses parents.
Ils n'eussent pas pensé qu'ils eussent été

Temps simple.

Futur pr.
Je ne penserai pas que je sois
Tu ne penseras pas que tu sois
Il ne pensera pas qu'il soit, } son parent.

Nous ne penserons pas que nous soyons
Vous ne penserez pas que vous soyez
Ils ne penseront pas qu'ils soient } ses parents.

Temps composé.

Futur passé.
Je n'aurai pas pensé que j'aie été
Tu n'auras pas pensé que tu aies été
Il n'aura pas pensé qu'il ait été } son parent.

Nous n'aurons pas pensé que nous ayons
été
Vous n'aurez pas pensé que vous ayez été
Ils n'auront pas pensé qu'ils aient été } ses parents.

Temps simple.

Cond. pr.
Je ne penserais pas que je fusse
Tu ne penserais pas que tu fusses
Il ne penserait pas qu'il fût } son parent.

Nous ne penserions pas que nous fussions
Vous ne penseriez pas que vous fussiez
Ils ne penseraient pas qu'ils fussent } ses parents.

Temps composé.

Cond. passé.
Je n'aurais pas pensé que j'eusse été
Tu n'aurais pas pensé que tu eusses été
Il n'aurait pas pensé qu'il eût été } son parent.

Nous n'aurions pas pensé que nous
eussions été
Vous n'auriez pas pensé que vous eussiez été
Ils n'auraient pas pensé qu'ils eussent été } ses parents.

Temps composé.

On dit aussi :
Je n'eusse pas pensé que j'eusse été
Tu n'eusses pas pensé que tu eusses été
Il n'eût pas pensé qu'il eût été } son parent.

Nous n'eussions pas pensé que nous
eussions été
Vous n'eussiez pas pensé que vous eussiez été
Ils n'eussent pas pensé qu'ils eussent été } ses parents.

Remarque. — Dans l'exercice, toutes les phrases seront au subjonctif, laissant la faculté de les mettre à l'indicatif d'après le principe qui précède.

Exercice.

(Écrire, d'après le modèle, sur une seule ligne, à tous les temps et à toutes les personnes, les phrases ci-après.)

Je ne pense pas qu'il vienne. Je ne crois pas qu'il soit riche. Penses-tu qu'il soit instruit? Supposes-tu qu'il fasse ce qu'il t'a dit? Je ne pense pas que personne veuille me dresser des piéges. Je n'imagine pas qu'on vienne me déranger. Je ne crois pas que tout reste tranquille. Penses-tu que les choses aillent comme on le dit? Crois-tu que je m'enrichisse? Ne penses-tu pas que je me porte bien? Je ne pense pas qu'il réussisse. Penses-tu que j'aie bientôt fini?

Emploi du subjonctif ou de l'indicatif après les verbes ORDONNER, RÉSOUDRE, ARRÊTER, EXIGER, DÉCIDER, *etc.*

Règle.

Après les verbes *ordonner*, *résoudre*, *arrêter*, *exiger*, *décider*, etc., on fait usage du subjonctif; mais quand l'exécution de l'ordre est tellement sûre, que l'action ordonnée, résolue, exigée, etc., peut être regardée comme un fait qui aura nécessairement lieu, on doit employer l'indicatif : *j'ordonne qu'il vienne, nous ordonnons qu'il sera exécuté.*

Modèle.

Temps simple.

Ind. pr.	On exige que je sois	
	On exige que tu sois	exact.
	On exige qu'il soit	
	On exige que nous soyons	
	On exige que vous soyez	exacts.
	On exige qu'ils soient	

Temps composé.

Passé indéf. On a exigé que j'aie été On a exigé que tu aies été On a exigé qu'il ait été	} exact.
On a exigé que nous ayons été On a exigé que vous ayez été On a exigé qu'ils aient été	} exacts.

Temps simple.

Imparf. On exigeait que je fusse On exigeait que tu fusses On exigeait qu'il fût	} exact.
On exigeait que nous fussions On exigeait que vous fussiez On exigeait qu'ils fussent	} exacts.

Temps composé.

Pl.-q.-parf. On avait exigé que j'eusse été On avait exigé que tu eusses été On avait exigé qu'il eût été	} exact.
On avait exigé que nous eussions été On avait exigé que vous eussiez été On avait exigé qu'ils eussent été	} exacts.

Temps simple.

Passé déf. On exigea que je fusse On exigea que tu fusses On exigea qu'il fût	} exact.
On exigea que nous fussions On exigea que vous fussiez On exigea qu'ils fussent	} exacts.

Temps composé.

On dit aussi : On eût exigé que j'eusse été On eût exigé que tu eusses été On eût exigé qu'il eût été	} exact.
On eût exigé que nous eussions été On eût exigé que vous eussiez été On eût exigé qu'ils eussent été	} exacts.

Temps simple.

Futur pr. On exigera que je sois On exigera que tu sois On exigera qu'il soit	} exact.
On exigera que nous soyons On exigera que vous soyez On exigera qu'ils soient	} exacts.

Temps composé.

Futur passé. On aura exigé que j'aie été
On aura exigé que tu aies été } exact.
On aura exigé qu'il ait été

On aura exigé que nous ayons été
On aura exigé que vous ayez été } exacts.
On aura exigé qu'ils aient été

Temps simple.

Cond. pr. On exigerait que je fusse
On exigerait que tu fusses } exact.
On exigerait qu'il fût

On exigerait que nous fussions
On exigerait que vous fussiez } exacts.
On exigerait qu'ils fussent

Temps composé.

Cond. passé. On aurait exigé que j'eusse été
On aurait exigé que tu eusses été } exact.
On aurait exigé qu'il eût été

On aurait exigé que nous eussions été
On aurait exigé que vous eussiez été } exacts.
On aurait exigé qu'ils eussent été

Temps composé.

On dit aussi : On eût exigé que j'eusse été
On eût exigé que tu eusses été } exact.
On eût exigé qu'il eût été

On eût exigé que nous eussions été
On eût exigé que vous eussiez été } exacts.
On eût exigé qu'ils eussent été

Exercice.

(Ecrire, d'après le modèle, sur une seule ligne, à tous les temps et à toutes les personnes, les phrases ci-après.)

Le maître ordonne que je reçoive une récompense. Mes parents ont résolu que je sois soldat. J'arrête qu'il soit mon gendre. J'arrête qu'il soit honnête. J'exige qu'il me paye. Le sort n'a pas encore décidé que nous soyons malheureux. Ce que je commande, c'est que chacun reste à son poste.

———

Emploi du subjonctif ou de l'indicatif après ATTENDRE, ENTENDRE, PRÉTENDRE, SE PLAINDRE, SUPPOSER, DOUTER.

Règle.

A la suite des verbes *attendre, entendre, prétendre, supposer, se plaindre, douter,* on emploie l'un ou l'autre mode, selon l'idée qu'on veut exprimer. Nous renvoyons aux dictionnaires pour la différence d'acception dans laquelle ces verbes peuvent être pris.

Modèle.

Temps simple.

Ind. pr.	J'attends qu'il soit	
	Tu attends qu'il soit	
	Il attend qu'il soit	
	Nous attendons qu'il soit	prêt.
	Vous attendez qu'il soit	
	Ils attendent qu'il soit	

Temps composé.

Passé indéf.	J'ai attendu qu'il ait été	
	Tu as attendu qu'il ait été	
	Il a attendu qu'il ait été	
	Nous avons attendu qu'il ait été	prêt.
	Vous avez attendu qu'il ait été	
	Ils ont attendu qu'il ait été	

Temps simple.

Imparf.	J'attendais qu'il fût	
	Tu attendais qu'il fût	
	Il attendait qu'il fût	
	Nous attendions qu'il fût	prêt.
	Vous attendiez qu'il fût	
	Ils attendaient qu'il fût	

Temps composé.

Pl.-q.-parf.	J'avais attendu qu'il eût été	
	Tu avais attendu qu'il eût été	
	Il avait attendu qu'il eût été	
	Nous avions attendu qu'il eût été	prêt.
	Vous aviez attendu qu'il eût été	
	Ils avaient attendu qu'il eût été	

Temps simple.

Passé déf.	J'attendis qu'il fût	
	Tu attendis qu'il fût	
	Il attendit qu'il fût	
	Nous attendîmes qu'il fût	prêt.
	Vous attendîtes qu'il fût	
	Ils attendirent qu'il fût	

Temps composé.

On dit aussi : J'eusse attendu qu'il eût été
Tu eusses attendu qu'il eût été
Il eût attendu qu'il eût été
Nous eussions attendu qu'il eût été
Vous eussiez attendu qu'il eût été
Ils eussent attendu qu'il eût été
} prêt.

Temps simple.

Futur pr. J'attendrai qu'il soit
Tu attendras qu'il soit
Il attendra qu'il soit
Nous attendrons qu'il soit
Vous attendrez qu'il soit
Ils attendront qu'il soit
} prêt.

Temps composé.

Futur passé. J'aurai attendu qu'il ait été
Tu auras attendu qu'il ait été
Il aura attendu qu'il ait été
Nous aurons attendu qu'il ait été
Vous aurez attendu qu'il ait été
Ils auront attendu qu'il ait été
} prêt.

Temps simple.

Cond. pr. J'attendrais qu'il fût
Tu attendrais qu'il fût
Il attendrait qu'il fût
Nous attendrions qu'il fût
Vous attendriez qu'il fût
Ils attendraient qu'il fût
} prêt.

Temps composé.

Cond. passé. J'aurais attendu qu'il eût été
Tu aurais attendu qu'il eût été
Il aurait attendu qu'il eût été
Nous aurions attendu qu'il eût été
Vous auriez attendu qu'il eût été
Ils auraient attendu qu'il eût été
} prêt.

Temps composé.

On dit aussi : J'eusse attendu qu'il eût été
Tu eusses attendu qu'il eût été
Il eût attendu qu'il eût été
Nous eussions attendu qu'il eût été
Vous eussiez attendu qu'il eût été
Ils eussent attendu qu'il eût été
} prêt.

Exercice.

(Ecrire, d'après le modèle, sur une seule ligne, à tous les temps et à toutes les personnes, les phrases ci-après.)

J'entends que tout le monde se taise. J'entends que tout vienne et dépende de moi. Personne ne peut se plaindre que je l'aie obsédé de mon importunité. Supposes-tu qu'il soit heureux? Je doute que cela fasse mon affaire. J'entends qu'on me laisse seul à travailler. J'attends qu'on me fasse entrer. Je prétends qu'il se conduise en honnête homme. Qui peut se plaindre que je ne l'aie pas obligé? Je ne suppose pas qu'on ait voulu me tromper. Je doute qu'il sorte de là blanc comme neige.

Emploi du subjonctif ou de l'indicatif après : 1° IL SUFFIT QUE ; 2° EST-IL POSSIBLE? 3° IL SEMBLE QUE ; 4° ON DIRAIT QUE ; 5° S'IL EST VRAI QUE ; 6° LE SEUL, L'UNIQUE, LE PREMIER, LE DERNIER, LE PLUS, LE MOINS, LE MOINDRE, LE MEILLEUR ; 7° IL N'EST QUE, IL N'Y A QUE ; 8° QUI, QUE, DONT, OU ; 9° TOUT .... QUE ; 10° JUSQU'A CE QUE.

Règle.

Après : 1° *il suffit que ;* 2° *est-il possible?* 3° *il me semble que ;* 4° *on dirait que ;* 5° *s'il est vrai que ;* 6° *le seul, l'unique, le premier, le dernier, le plus, le moins, le moindre, le meilleur ;* 7° *il n'est que, il n'y a que ;* 8° *qui, que, dont, où ;* 9° *tout .... que ;* 10° *jusqu'à ce que,* on se sert du subjonctif ou de l'indicatif, selon les vues de l'esprit. Veut-on affirmer directement, positivement et sans idée accessoire de doute, de crainte, d'incertitude, etc. ? on doit faire usage de l'indicatif. S'agit-il, au contraire, d'une chose vague, douteuse, incertaine, ou que l'on regarde comme telle? il faut employer le subjonctif. Voilà les seules règles qu'il soit permis d'établir à cet égard. C'est à celui qui parle ou qui écrit de savoir quel mode il doit employer de préférence à l'autre.

Modèle.

Temps simple.

Ind. pr. Il suffit qu'il me dise une chose pour que j'en
sois
Il suffit qu'il te dise une chose pour que tu en
sois
Il suffit qu'il lui dise une chose pour qu'il en
soit } convaincu.

Il suffit qu'il nous dise une chose pour que nous
en soyons
Il suffit qu'il vous dise une chose pour que vous
en soyez
Il suffit qu'il leur dise une chose pour qu'ils en
soient } convaincus.

Temps composé.

Passé indéf. Il a suffi qu'il m'ait dit une chose pour que j'en
aie été
Il a suffi qu'il t'ait dit une chose pour que tu en
aies été
Il a suffi qu'il lui ait dit une chose pour qu'il en
ait été } convaincu.

Il a suffi qu'il nous ait dit une chose pour que
nous en ayons été
Il a suffi qu'il vous ait dit une chose pour que
vous en ayez été
Il a suffi qu'il leur ait dit une chose pour qu'ils
en aient été } convaincus.

Temps simple.

Imparf. Il suffisait qu'il me dît une chose pour que j'en
fusse
Il suffisait qu'il te dît une chose pour que tu en
fusses
Il suffisait qu'il lui dît une chose pour qu'il
en fût } convaincu.

Il suffisait qu'il nous dît une chose pour que nous
en fussions
Il suffisait qu'il vous dît une chose pour que vous
en fussiez
Il suffisait qu'il leur dît une chose pour qu'ils en
fussent } convaincus.

Temps composé.

Pl.-q.-parf. Il avait suffi qu'il m'eût dit une chose pour que
j'en eusse été
Il avait suffi qu'il t'eût dit une chose pour que tu
en eusses été
Il avait suffi qu'il lui eût dit une chose pour qu'il
en eût été
} *convaincu.*

Il avait suffi qu'il nous eût dit une chose pour
que nous en eussions été
Il avait suffi qu'il vous eût dit une chose pour
que vous en eussiez été
Il avait suffi qu'il leur eût dit une chose pour qu'ils
en eussent été
} *convaincus.*

Temps simple.

Passé déf. Il suffit qu'il me dît une chose pour que j'en
fusse
Il suffit qu'il te dît une chose pour que tu en
fusses
Il suffit qu'il lui dît une chose pour qu'il en
fût
} *convaincu.*

Il suffit qu'il nous dît une chose pour que nous
en fussions
Il suffit qu'il vous dît une chose pour que vous
en fussiez
Il suffit qu'il leur dît une chose pour qu'ils en
fussent
} *convaincus.*

Temps composé.

On dit aussi : Il eût suffi qu'il m'eût dit une chose pour que
j'en eusse été
Il eût suffi qu'il t'eût dit une chose pour que tu
en eusses été
Il eût suffi qu'il lui eût dit une chose pour qu'il
en eût été
} *convaincu.*

Il eût suffi qu'il nous eût dit une chose pour que
nous en eussions été
Il eût suffi qu'il vous eût dit une chose pour que
vous en eussiez été
Il eût suffi qu'il leur eût dit une chose pour qu'ils
en eussent été
} *convaincus.*

Temps simple.

Futur pr. Il suffira qu'il me dise une chose pour que
j'en sois
Il suffira qu'il te dise une chose pour que tu
en sois
Il suffira qu'il lui dise une chose pour qu'il
en soit } convaincu.

Il suffira qu'il nous dise une chose pour que nous
en soyons
Il suffira qu'il vous dise une chose pour que vous
en soyez
Il suffira qu'il leur dise une chose pour qu'ils en
soient } convaincus.

Temps composé.

Futur passé. Il aura suffi qu'il m'ait dit une chose pour que
j'en aie été
Il aura suffi qu'il t'ait dit une chose pour que tu
en aies été
Il aura suffi qu'il lui ait dit une chose pour qu'il
en ait été } convaincu.

Il aura suffi qu'il nous ait dit une chose pour que
nous en ayons été
Il aura suffi qu'il vous ait dit une chose pour que
vous en ayez été
Il aura suffi qu'il leur ait dit une chose pour qu'ils
en aient été } convaincus.

Temps simple.

Cond. pr. Il suffirait qu'il me dit une chose pour que j'en
fusse
Il suffirait qu'il te dit une chose pour que tu en
fusses
Ii suffirait qu'il lui dit une chose pour qu'il
en fût } convaincu.

Il suffirait qu'il nous dit une chose pour que
nous en fussions
Il suffirait qu'il vous dit une chose pour que vous
en fussiez
Il suffirait qu'il leur dit une chose pour qu'ils en
fussent } convaincus.

Temps composé.

Cond. passé. Il aurait suffi qu'il m'eût dit une chose pour que
j'en eusse été
Il aurait suffi qu'il t'eût dit une chose pour que
tu en eusses été
Il aurait suffi qu'il lui eût dit une chose pour
qu'il en eût été } convaincu.

Il aurait suffi qu'il nous eût dit une chose pour
que nous en eussions été
Il aurait suffi qu'il vous eût dit une chose pour
que vous en eussiez été
Il aurait suffi qu'il leur eût dit une chose pour
qu'ils en eussent été } convaincus.

Temps composé.

On dit aussi : Il eût suffi qu'il m'eût dit une chose pour que
j'en eusse été
Il eût suffi qu'il t'eût dit une chose pour que
tu en eusses été
Il eût suffi qu'il lui eût dit une chose pour
qu'il en eût été } convaincu.

Il eût suffi qu'il nous eût dit une chose pour
que nous en eussions été
Il eût suffi qu'il vous eût dit une chose pour
que vous en eussiez été
Il eût suffi qu'il leur eût dit une chose pour
qu'ils en eussent été } convaincus.

Exercice.

(Ecrire, d'après le modèle, sur une seule ligne, à tous les temps
et à toutes les personnes, les phrases ci-après.)

Je suis son ami jusqu'à ce que je m'aperçoive qu'il dise
du mal de moi. Mon frère et moi nous sommes les seuls
de la famille qui ayons du goût pour l'étude. Il ne suffit
pas que je me targue des vertus de mes ancêtres, il faut
encore que je me glorifie des miennes propres. Il n'y a
pas de nuits où je ne fasse des rêves affreux. Il ne suffit
pas que je pardonne les offenses, il ne faut pas non plus
que je m'en ressouvienne. Le seul travail que je crois
nécessaire, c'est celui des champs. Le plus grand bien
auquel j'aspire, c'est de mener une vie conforme à mon

état et à mon goût. Est-il possible que je devienne riche?
Il semble que je tremble de peur. S'il est vrai que je sois
son ami, je ne m'en dédis pas. Je ne suis pas le seul qui
soit à plaindre. C'est l'unique ouvrage que j'aie fait. Je
suis le premier qui aie sauté le fossé. Je suis le dernier
qui aie parlé de la sorte. C'est le plus que j'aie pu faire.
C'est le mieux qu'il puisse faire pour moi. C'est le meilleur
homme que je connaisse. Il n'y a que moi qui ne m'inquiète
de rien. Ce n'est pas un homme que je puisse fréquenter.
Ce n'est pas un homme dont je puisse faire ma connais-
sance. Ce n'est pas un homme à qui je puisse parler. Ce
n'est pas un pays où je puisse aller vivre. Je vais jusqu'à
ce que je sois fatigué.

SI *avec l'indicatif remplacé par* QUE *avec le subjonctif.*

Règle.

Quand la conjonction *si* est suivie de l'indicatif, au lieu
de la répéter, on la remplace par *que* avec le subjonctif et
le même temps que celui qui vient après la conjonction.

Modèle.

Temps simple.

Ind. pr.

Si je vais au spectacle et que je m'y amuse, je serai

Si tu vas au spectacle et que tu t'y amuses, tu seras

S'il va au spectacle et qu'il s'y amuse, il sera

} content

Si nous allons au spectacle et que nous nous y amusions, nous serons

Si vous allez au spectacle et que vous vous y amusiez, vous serez

S'ils vont au spectacle et qu'ils s'y amusent, ils seront

} contents.

Temps composé.

Passé indéf. Si j'ai été au spectacle et que je me sois amusé, j'aurai été

Si tu as été au spectacle et que tu te sois amusé, tu auras été

S'il a été au spectacle et qu'il se soit amusé, il aura été

} content.

Si nous avons été au spectacle et que nous nous soyons amusés, nous aurons été

Si vous avez été au spectacle et que vous vous soyez amusés, vous aurez été

S'ils ont été au spectacle et qu'ils se soient amusés, ils auront été

} contents.

Temps simple.

Imparf. Si j'allais au spectacle et que je m'amusasse, je serais

Si tu allais au spectacle et que tu t'amusasses, tu serais

S'il allait au spectacle et qu'il s'amusât, il serait

} content.

Si nous allions au spectacle et que nous nous amusassions, nous serions

Si vous alliez au spectacle et que vous vous amusassiez, vous seriez

S'ils allaient au spectacle et qu'ils s'amusassent, ils seraient

} contents.

Temps composé.

Pl.-q.-parf. Si j'étais allé au spectacle et que je me fusse amusé, j'aurais été

Si tu étais allé au spectacle et que tu te fusses amusé, tu aurais été

S'il était allé au spectacle et qu'il se fût amusé, il aurait été

} content.

Si nous étions allés au spectacle et que nous nous fussions amusés, nous aurions été

Si vous étiez allés au spectacle et que vous vous fussiez amusés, vous auriez été

S'ils étaient allés au spectacle et qu'ils se fussent amusés, ils auraient été

} contents.

Temps simple.

Passé déf. Si j'allai au spectacle et que je m'amusasse, je fus
Si tu allas au spectacle et que tu t'amusasses, tu fus
S'il alla au spectacle et qu'il s'amusât, il fût } content.

Si nous allâmes au spectacle et que nous nous amusassions, nous fûmes
Si vous allâtes au spectacle et que vous vous amusassiez, vous fûtes
S'ils allèrent au spectacle et qu'ils s'amusassent, ils furent } contents.

Temps composé.

On dit aussi : Si je fusse allé au spectacle et que je me fusse amusé, j'eusse été
Si tu fusse allé au spectacle et que tu te fusses amusé, tu eusses été
S'il fût allé au spectacle et qu'il se fût amusé, il eût été } content.

Si nous fussions allés au spectacle et que nous nous fussions amusés, nous eussions été
Si vous fussiez allés au spectacle et que vous vous fussiez amusés, vous eussiez été
S'ils fussent allés au spectacle et qu'ils se fussent amusés, ils eussent été } contents.

Temps simple.

Futur pr. Si je vais au spectacle et que je m'amuse, je serai
Si tu vas au spectacle et que tu t'amuses, tu seras
S'il va au spectacle et qu'il s'amuse, il sera } content.

Si nous allons au spectacle et que nous nous amusions, nous serons
Si vous allez au spectacle et que vous vous amusiez, vous serez
S'ils vont au spectacle et qu'ils s'amusent, ils seront } contents.

Temps composé.

Futur passé. Si je suis allé au spectacle et que je me sois
amusé, j'aurai été
Si tu es allé au spectacle et que tu te sois
amusé, tu auras été
S'il est allé au spectacle et qu'il se soit amusé,
il aura été
} content.

Si nous sommes allé au spectacle et que nous nous
soyons amusés, nous aurons été
Si vous êtes allés au spectacle et que vous vous
soyez amusés, vous aurez été
S'ils sont allés au spectacle et qu'ils se soient
amusés, ils auront été
} contents.

Temps simple.

Cond. pr. Si j'allais au spectacle et que je m'amusasse, je
serais
Si tu allais au spectacle et que tu t'amusasses, tu
serais
S'il allait au spectacle et qu'il s'amusât, il serait
} content.

Si nous allions au spectacle et que nous nous
amusassions, nous serions
Si vous alliez au spectacle et que vous vous amusassiez, vous seriez
S'ils allaient au spectacle et qu'ils s'amusassent,
ils seraient
} contents.

Temps composé.

Cond. passé. Si j'étais allé au spectacle et que je me fusse
amusé, j'aurais été
Si tu étais allé au spectacle et que tu te fusses
amusé, tu aurais été
S'il était allé au spectacle et qu'il se fût amusé,
il aurait été
} content.

Si nous étions allés au spectacle et que nous nous
fussions amusés, nous aurions été
Si vous étiez allés au spectacle et que vous vous
fussiez amusés, vous auriez été
S'ils étaient allés au spectacle et qu'ils se fussent
amusés, ils auraient été
} contents.

Temps composé.

On dit aussi : Si je fusse allé au spectacle et que je me fusse amusé, j'eusse été
Si tu fusses allé au spectacle et que tu te fusses amusé, tu eusses été
S'il fût allé au spectacle et qu'il se fût amusé, il eût été } content.

Si nous fussions allés au spectacle et que nous nous fussions amusés, nous eussions été
Si vous fussiez allés au spectacle et que vous vous fussiez amusés, vous eussiez été
S'ils fussent allés au spectacle et qu'ils se fussent amusés, ils eussent été } contents.

Remarque. — Nous avons déjà fait observer que, lorsque le verbe après *si* est à l'imparfait de l'indicatif, le verbe de la proposition principale se met au futur présent, et au futur passé, si le verbe après *si* est au passé indéfini. Le verbe de la proposition principale se met au conditionnel présent lorsqu'après la conjonction *si* le verbe est à l'imparfait de l'indicatif ; au conditionnel passé ou à *on dit aussi*, quand le premier verbe est au plus-que-parfait de l'indicatif.

Exercice.

(Écrire, d'après le modèle, sur une seule ligne, à tous les temps et à toutes les personnes, les phrases ci-après.)

Si je jouis de la santé, et que je ne manque pas du nécessaire, je suis assez riche. Si je sais bien les quatre règles et que je sache bien conjuguer le verbe avoir, je serai un aigle en finances. Si je gouverne une nation, et que je sois ivre et altéré de sang, je serai un véritable Néron. Si je me suicide, et que je laisse une famille et des amis, que sera-ce, sinon de l'égoïsme? S'il vient et qu'il me trouve, nous dînerons ensemble. S'il fait beau et que je sois disposé, j'irai me promener. Si je me marie et que j'aie une femme que j'aime et qui m'aime, je me trouverai le plus heureux des hommes. S'il pleut et que je sois obligé de rester, j'écrirai ou je lirai.

Subjonctif à la place de SI J'ÉTAIS, SI J'AVAIS, SI JE DEVAIS,
SI JE PUIS, SI JE POUVAIS.

Règle.

Au lieu des formes affirmatives *si j'étais, si j'avais, si je devais, si je puis, si je pouvais*, etc., on emploie plus élégamment les formes optatives *fussé-je, eussé-je, dussé-je, puissé-je, pussé-je.*

Modèle.

Temps simple.

Dussé-je en tomber malade, il faut que je passe
Dusses-tu en tomber malade, il faut que tu passes
Dût-il en tomber malade, il faut qu'il passe
Dussions-nous en tomber malade, il faut que nous passions
Dussiez-vous en tomber malade, il faut que vous passiez
Dussent-ils en tomber malade, il faut qu'ils passent

} la nuit à travailler.

Temps composé.

Eussé-je dû en tomber malade, il a fallu que j'aie passé
Eusses-tu dû en tomber malade, il a fallu que tu aies passé
Eût-il dû en tomber malade, il a fallu qu'il ait passé
Eussions-nous dû en tomber malade, il a fallu que nous ayons passé
Eussiez-vous dû en tomber malade, il a fallu que vous ayez passé
Eussent-ils dû en tomber malade, il a fallu qu'ils aient passé

} la nuit à travailler.

Remarques. — Tous les verbes, soit de la première, soit de la seconde, soit de la troisième, soit de la quatrième conjugaison, peuvent être employés optativement à toutes les personnes, hormis la première personne du singulier. On ne dirait pas *aimassé-je, finissé-je, reçussé-je, rendissé-je.* Dans ce cas, il faut employer le conditionnel présent, *aimerais-je, finirais-je, recevrais-je, rendrais-je.*

Il n'y a que les verbes *être, avoir, pouvoir* et *devoir* qui puissent s'employer optativement à toutes les personnes du singulier ou du pluriel : *fussé-je, eussé-je, puissé-je, pussé-je, dussé-je.*

Exercice.

(Ecrire, d'après le modèle, sur une seule ligne, aux temps simples. aux temps composés et à toutes les personnes, les phrases ci-après.)

Pussé-je avoir une fortune indépendante, j'irais me fixer à la campagne !

Fasse le ciel que je n'aie jamais rien à me reprocher !

Parlasses-tu des antipodes à l'égoïste, il te ramènerait à son *moi !*

Ne tiendrais-je à nulle autre chose, je tiendrais au moins à la terre où je me serais fixé.

Eussé-je mille fois raison, on ne me comprendrait pas.

Plaise à Dieu que les hommes soient frères !

Fussions-nous les vainqueurs, il faut éviter la guerre.

Eût-il tort, il soutiendrait son opinion.

Eussions-nous le pouvoir, nous ne devons persécuter personne.

Puissé-je revoir les beaux temps de l'âge d'or !

A Dieu ne plaise que je souhaite la mort du prochain !

Plût à Dieu que je vinsse à bout de vous persuader !

Eussions-nous tous les trésors de la terre, tous nos désirs ne seraient pas encore satisfaits !

Allât-il au Diable, je ne m'en inquiéterais pas.

A Dieu ne plaise que je trahisse mon ami ! je ne suis pas assez perfide pour cela.

Plaise à Dieu que je vienne à bout de mes desseins et que je jouisse de tout le bonheur que j'ambitionne !

A Dieu ne plaise que je désire la guerre ! il faudrait que je fusse bien inhumain.

Pussé-je me faire craindre ; j'aimerais mieux encore me faire aimer.

Me dît-on des injures, je ne m'abaisserais pas à en répondre.

Fussé-je riche, j'emploirais ma fortune à faire des heureux !

Fussé-je roi, je ne voudrais pas enseigner à tromper es hommes, mais à les aimer !

Fussions-nous contraints d'aller à l'église, nous n'en serions pas meilleurs chrétiens pour cela !

Subjonctif après CONTESTER, NIER, DISCONVENIR, DÉSESPÉRER, PRENDRE GARDE, GARDER, ÉVITER, EMPÊCHER, TENIR, DÉFENDRE, IL S'EN FAUT.

Règle.

Après les verbes qui précèdent, on met le subjonctif dans la proposition subordonnée, que ces verbes soient employés affirmativement, négativement ou interrogativement.

Excepté *défendre*, qui n'admet jamais de négative, tous les autres verbes employés négativement se construisent dans la proposition subordonnée avec la négation *ne*.

Modèle.

Temps simple.

Ind. pr.   Je conteste qu'il en sache plus que moi.
Tu contestes qu'il en sache plus que toi.
Il conteste qu'il en sache plus que lui.
Nous contestons qu'il en sache plus que nous.
Vous contestez qu'il en sache plus que vous.
Ils contestent qu'il en sache plus qu'eux.

Temps composé.

Passé indéf. J'ai contesté qu'il en ait su plus que moi.
Tu as contesté qu'il en ait su plus que toi.
Il a contesté qu'il en ait su plus que lui.
Nous avons contesté qu'il en ait su plus que nous.
Vous avez contesté qu'il en ait su plus que vous.
Ils ont contesté qu'il en ait su plus qu'eux.

Temps simple.

Imparf.   Je contestais qu'il en sût plus que moi.
Tu contestais qu'il en sût plus que toi.
Il contestait qu'il en sût plus que lui.
Nous contestions qu'il en sût plus que nous.
Vous contestiez qu'il en sût plus que vous.
Ils contestaient qu'il en sût plus qu'eux.

Temps composé.

Pl.-q.-parf. J'avais contesté qu'il en eût su plus que moi.
Tu avais contesté qu'il en eût su plus que toi.
Il avait contesté qu'il en eût su plus que lui.
Nous avions contesté qu'il en eût su plus que nous.
Vous aviez contesté qu'il en eût su plus que vous.
Ils avaient contesté qu'il en eût su plus qu'eux.

Temps simple.

Passé déf.   Je contestai qu'il en sût plus que moi.
Tu contestas qu'il en sût plus que toi.
Il contesta qu'il en sût plus que lui.
Nous contestâmes qu'il en sût plus que nous.
Vous contestâtes qu'il en sût plus que vous.
Ils contestèrent qu'il en sût plus qu'eux.

Temps composé.

On dit aussi : J'eusse contesté qu'il en eût su plus que moi.
Tu eusses contesté qu'il en eût su plus que toi.
Il eût contesté qu'il en eût su plus que lui.
Nous eussions contesté qu'il en eût su plus que nous.
Vous eussiez contesté qu'il en eût su plus que vous.
Ils eussent contesté qu'il en eût su plus qu'eux.

Temps simple.

Futur pr.   Je contesterai qu'il en sache plus que moi.
Tu contesteras qu'il en sache plus que toi.
Il contestera qu'il en sache plus que lui.
Nous contesterons qu'il en sache plus que nous.
Vous contesterez qu'il en sache plus que vous.
Ils contesteront qu'il en sache plus qu'eux.

Temps composé.

Futur passé. J'aurai contesté qu'il en ait su plus que moi.
Tu auras contesté qu'il en ait su plus que toi.
Il aura contesté qu'il en ait su plus que lui.
Nous aurons contesté qu'il en ait su plus que nous.
Vous aurez contesté qu'il en ait su plus que vous.
Ils auront contesté qu'il en ait su plus qu'eux.

Temps simple.

Cond. pr.   Je contesterais qu'il en sût plus que moi.
Tu contesterais qu'il en sût plus que toi.
Il contesterait qu'il en sût plus que lui.
Nous contesterions qu'il en sût plus que nous.
Vous contesteriez qu'il en sût plus que vous.
Ils contesteraient qu'il en sût plus qu'eux.

Temps composé.

Cond. passé. J'aurais contesté qu'il en eût su plus que moi.
Tu aurais contesté qu'il en eût su plus que toi.
Il aurait contesté qu'il en eût su plus que lui.
Nous aurions contesté qu'il en eût su plus que nous.
Vous auriez contesté qu'il en eût su plus que vous.
Ils auraient contesté qu'il en eût su plus qu'eux.

Temps composé.

On dit aussi : J'eusse contesté qu'il en eût su plus que moi.
Tu eusses contesté qu'il en eût su plus que toi.
Il eût contesté qu'il en eût su plus que lui.
Nous eussions contesté qu'il en eût su plus que nous.
Vous eussiez contesté qu'il en eût su plus que vous.
Ils eussent contesté qu'il en eût su plus qu'eux.

Exercice.

(Écrire, d'après le modèle, sur une seule ligne, à tous les temps et à toutes les personnes, les phrases ci-après.)

Mes parents ne désespèrent pas que je ne devienne riche un jour. Je mange et bois comme les autres, mais cela n'empêche pas que je ne sois fort malade. Quand je ne sors pas, c'est la pluie qui empêche que je n'aille me promener. Je ne sais à quoi il tient que je ne lui rompe en visière. On ne peut nier que je ne sois tout dévoué à mon pays. La charité défend que j'insulte au malheur, et que je lui refuse mon assistance. Il tient à peu que je ne tombe. La crainte de faire des ingrats ne doit pas empêcher qu'on ne fasse le bien. Il s'en faut de beaucoup que je me trouve instruit. J'ai tant de goût pour la musique, que peu s'en faut que je ne passe les jours et les nuits à chanter. Les pluies presque continuelles empêchent que je ne me promène dans les cours et dans les jardins. Il s'en faut beaucoup que je sois aussi instruit que je le désire. Je me sens si indisposé, que peu s'en faut que je ne sorte pas. Il ne s'en faut pas de beaucoup que je ne reste couché. Je nie qu'il y ait des athées. J'évite de rien faire qui puisse me nuire.

FIN.

TABLE DES MATIÈRES.

Simple avertissement.. 3
Principes généraux.. 7
Concordance à tous les temps et à toutes les personnes............... 9
Verbes de nécessité 14
    —   volonté................................. 19
    —   désir................................... 22
    —   crainte................................. 25
    —   doute................................... 28
Subjonctif après les adjectif construits avec *il est*, et après les verbes impersonnels 31
    —   après *quelque*, ...*que*, *quoique*, etc............ 36
    —   après *que*, employé pour *afin que*, *à moins que*, *avant que*, *de peur que*, etc................................. 40
    —   1° après *que*, *afin que*, *à moins que*, *avant que*, etc.; 2° après *que*, dit impératif.............................. 45
Je ne sache pas, *que je sache* 48
Subjonctif dans les phrases négatives ou interrogatives................ 49
Emploi du subjonctif ou de l'indicatif après les verbes *ordonner*, *résoudre*, *arrêter*, *exiger*, *décider*, etc............................... 52
Emploi du subjonctif ou de l'indicatif après *attendre*, *entendre*, *prétendre*, *se plaindre*, *supposer*, *douter* 54
Emploi du subjonctif ou de l'indicatif après : 1° *il suffit que*; 2° *est-il possible ?* 3° *il semble que*; 4° *on dirait que*; 5° *s'il est vrai que*; 6° *le seul*, *l'unique*, *le premier*, *le dernier*, *le plus*, *le moins*, *le moindre*, *le meilleur*; 7° *il n'est que*, *il n'y a que*; 8° *qui*, *que*, *dont*, *où*; 9° *Tout* .... *que*: 10° *jusqu'à ce que*..................... 57
Si avec l'indicatif remplacé par *que* avec le subjonctif................ 62
Subjonctif à la place de *si j'étais*, *si j'avais*, *si je devais*, *si je puis*, *si je pouvais*... 67
Subjonctif après *contester*, *nier*, *disconvenir*, *désespérer*, *prendre garde*, *garder*, *éviter*, *empêcher*, *tenir*, *défendre*, *il s'en faut* 69

Paris, imprimerie de PAUL DUPONT, 45, rue de Grenelle-Saint-Honoré.

EN VENTE A LA MÊME LIBRAIRIE.

CAHIERS ET MODÈLES D'ÉCRITURE

(MÉTHODE TAICLET.)

PREMIER ENSEIGNEMENT. — CALQUE FIXÉ.

Cahiers préparés d'exercices d'écriture,

D'après la méthode élémentaire de CITOGRAPHIE *de M. J. Taiclet, officier d'académie*
(Méthode approuvée et recommandée par le Conseil supérieur de l'Instruction publique.)

Le cours complet forme sept cahiers, dont un cahier résumé.
1er, 2e, 3e et 4e cahiers. Exercices destinés à être repassés à
l'encre, le cent.. 8 »
5e et 6e cahiers. Modèles d'application, le cent.............. 8 »
7e cahier. Résumé. Exercices sur les lettres minuscules et
majuscules, le cent..................................... 12 50

PETIT MANUEL DES CONJUGAISONS
ou
DICTIONNAIRE DES HUIT MILLE VERBES USUELS DE LA LANGUE FRANÇAISE
Conjugués par ordre alphabétique de terminaisons,
Précédé d'une table générale de ces mêmes verbes,

PAR BESCHERELLE.

Un Vol. in-12 cart. — Prix : 1 fr. 75 c.

Ce Dictionnaire présente chaque verbe à son ordre alphabétique, non-seulement avec
le modèle de la terminaison à laquelle il appartient, mais encore avec tous les verbes
de la même terminaison, lesquels doivent être étudiés simultanément sur le verbe modèle.
Par ce système, on familiarise promptement les élèves aux diverses acceptions de formes,
de modes, de temps, que présentent le mécanisme et l'orthogaphe des verbes

---

COURS D'EXERCICES GRADUÉS

POUR L'ÉTUDE DE

LA CONJUGAISON DES VERBES

EN UN SEUL CAHIER ÉGALEMENT PROPRE AUX AUTRES DEVOIRS DE GRAMMAIRE,
CONTENANT, SUR LA COUVERTURE ET EN MARGE DES PAGES,

Les modèles de toutes les conjugaisons régulières et irrégulières, des types d'exercices
très-variés, de nombreuses dictées spéciales, des instructions sur la
conjugaison interrogative, négative, etc.,

PAR D'ARBEL AINÉ,

ANCIEN PROFESSEUR AU COLLÉGE CHAPTAL.

8 fr. le cent. — 10 cent. l'exempl.

Ce Cahier forme 24 pages in-4° couronne, couverture comprise.

Paris, imprimerie de Paul Dupont, rue de Grenelle-Saint-Honoré, 45.

EN VENTE À LA MÊME LIBRAIRIE

DICTIONNAIRE DES HUIT MILLE VERBES
DE LA LANGUE FRANÇAISE

CONJUGUÉS PAR ORDRE ALPHABÉTIQUE ET USUEL

Précédé d'une Table générale de ces mêmes verbes

PAR BESCHERELLE.

UN VOLUME IN-12, CARTONNÉ, PRIX : ....

Ce Dictionnaire présente chaque verbe à son ordre alphabétique,
avec le modèle de la terminaison à laquelle il appartient, ainsi que
les verbes de la même terminaison, qui doivent être étudiés avec le
verbe modèle. Par ce système, on familiarise promptement les diverses
acceptions de formes, de modes, de temps que présentent les verbes, et
graphe des verbes.

DICTIONNAIRE USUEL
DES 8,000 PARTICIPES PRÉSENTS ET DES 8,000 PARTICIPES PASSÉS
DE LA LANGUE FRANÇAISE

PAR BESCHERELLE.

UN VOLUME IN-12, CARTONNÉ, PRIX : ....

CAHIER POUR L'ÉTUDE
DE LA CONJUGAISON DES VERBES
CONTENANT SUR LA COUVERTURE ET EN MARGE DES PAGES
LES MODÈLES DE TOUTES LES CONJUGAISONS RÉGULIÈRES ET IRRÉGULIÈRES
D'EXERCICES GRADUÉS, DE NOMBREUSES DICTÉES SPÉCIALES

PAR D'ARBEL, AÎNÉ.

PRIX : 8 FR. LE CENT. — 10 CENTIMES L'EXEMPLAIRE.

Ce Cahier forme 24 pages in-4° couronne, couverture comprise.

GRAMMAIRE DES ÉCOLES PRIMAIRES
Par MM. RUELLE, MASFRAND, ET ....

UN VOLUME IN-12, CARTONNÉ, 75 CENT.

Ouvrage autorisé dans les écoles publiques, par décision du Ministre de l'Instruction
publique en date du 30 juillet 1860.

Imprimerie de Paul Dupont, rue de Grenelle-Saint-Honoré, 45.

www.ingramcontent.com/pod-product-compliance
Lightning Source LLC
Chambersburg PA
CBHW071401030726

47594CB00002B/808